名家
안동 권씨

권현구 지음

■ 책을 내면서

　우리나라 사람들은 유독 혈연, 지연을 많이 따지는 편이다. 이렇게 된 데에는 분명 연유가 있을 것이다. 그것은 바로 뿌리를 소중히 여기는 마음에서가 아닐까? 안동 권씨라는 것을 자랑스럽게 생각하시며 비오는 날이나 농한기가 되면 조상의 족보를 아들이 쓰다 남은 공책에 깨알 같이 쓰시던 아버지의 모습을 어릴 때부터 보며 자랐다. 어른이 되면 안동 권씨에 대한 글을 쓰고, 그것을 장롱 속에 넣어 놓지 않고 세상에 내 놓아야겠다는 꿈을 가지고 살아왔다.

　이제는 아버지도 세상을 등지고 안동 권씨에 대한 책을 출판했다고 자랑할 곳도 없다. 하지만 꿈을 버릴 수 없어서 뿌리를 찾는 여행을 떠났고 글로써 남겼다. 훌륭한 글은 아니더라도 안동 권씨 후손 중에 조상의 유적을 잊지 않고 직접 찾아 가보고 기록하였다는 것을 기억해 주는 이가 한 사람이라도 있다면 이 책을 출판한 보람이 있을 것이다. 덧붙여 이 책을 통해 안동 권씨 후손들이 조상의 뿌리와 자랑이 무엇인지 알고 조상의 향기를 찾아 나서는 계기가 된다면 필자는 바랄 것이 없겠다.

　'명가 안동 권씨' 책이 세상에 선보이게 될 수 있도록 어려운 길 동행하면서 많은 조언과 교정 작업을 마다하지 않고 해준 아내 장성희와 건강하게 자라고 있는 두 아들 승진, 승일이에게 고마움을 전한다.

2011. 6. 首月 權鉉九

목 차

□ 책을 내면서 … 11

제1장 안동 권씨(安東 權氏)를 왜 양반이라 하는가?

1. 과거 급제자(문과)를 전주 이씨 다음으로 많이 배출함 … 15
2. 가문의 뿌리가 명확함 … 17
3. 시조 묘소를 가지고 있음 … 17
4. 간신(奸臣)이나 역신(逆臣)이 없음 … 17

제2장 안동 권씨의 뿌리

1. 안동 권씨 성씨의 유래 … 18
2. 안동 권씨의 바탕(2세~9세) … 20
3. 안동 권씨는 15개 대파(大派) … 22

제3장 안동 권씨의 자랑

1. 한국 역사상 가장 먼저 시작한 네 가지 … 23
2. 명문가문의 후예들 … 26

목 차

제4장 조상의 향기를 찾아서

  1. 시조 권행(權幸)의 태사묘(太師廟) … 31
  2. 안동 권씨 능동재사(安東 權氏 陵洞齋舍) … 39
  3. 권인행(權仁幸)과 봉암재사(鳳巖齋舍), 낭중공 단소 … 48
  4. 운곡서원(雲谷書院)과 수령 300년 된 은행나무 … 54
  5. 권율(權慄)장군과 행주산성(幸州山城) … 61
  6. 양촌 권근삼대묘소 및 신도비(陽村 權近三代墓所 및 神道碑) … 68
  7. 권보(權溥)와 도통사(道統祠) … 82
  8. 권상하(權尙夏)와 황강영당(黃江影堂) … 85
  9. 권득기(權得己)와 권시(權諰)를 배향하는 도산서원(道山書院) … 93
10. 으뜸 효행, 실학자 유회당 권이진(權以鎭) … 101
11. 권벌(權橃)과 닭실마을 … 112
12. 구만서원(龜彎書院) … 121
13. 효를 실천하는 권헌조와 송석헌(松石軒) … 124
14. 권의(權檥)와 맛질마을 … 128
15. 권산해(權山海)와 노봉서원(魯峯書院) … 136
16. 시습재(時習齋)가 있는 가일마을 … 141

목 차

17. 권위(權暐)와 도계서원(道溪書院) … 151
18. 권호문(權好文)과 관물당(觀物堂) … 157
19. 권인(權靷)과 송파재사(松坡齋舍) … 163
20. 권순기(權舜記)와 약계정(藥溪亭) … 166
21. 권환(權奐)과 이우당종택(二愚堂宗宅) … 171
22. 안동 권씨 부정공파종택(副正公派宗宅) … 176
23. 권곤(權琨)과 안동 권씨 소등재사(安東 權氏 所等齋舍) … 179
24. 권우(權宇)의 송소종택(松巢宗宅) … 183
25. 용산재사(龍山齋舍)와 용산정(龍山亭) … 187
26. 권희학(權喜學)과 봉강영당(鳳岡影堂) … 191
27. 권책(權策)과 화수루(花樹樓) … 195
28. 영덕 괴시리 관어대 … 205
29. 충효의 자손을 잉태한 신녕 권질, 권시, 권열 삼대 … 215
30. 권응수 장군 유물전시관과 귀천서원(龜川書院) … 226
31. 권극립(權克立)과 입암서원(立岩書院) … 230
32. 쌍괴정과 권규 세거지(내원마을, 입석마을) … 237
33. 권도(權濤)와 완계서원(浣溪書院) … 245

제1장 안동 권씨(安東 權氏)를 왜 양반이라 하는가?

우리는 사회생활을 하면서 다른 사람들과 자연스럽게 만나게 된다. 모르는 사람을 처음 만나면 명함을 주고받으면서 통성명(通姓名)을 한다. 내가 명함을 건넬 때면 "양반이시네요." 하는 말을 가끔 듣곤 한다. '그럼 내가 왜 양반일까?' 하는 의문이 생긴다.

양반의 기준은 무엇일까? 뛰어난 어느 한 분야를 가지고 양반이라고는 하지 않는다. 우선, 그 집안에서 역사에 남는 유명한 인물을 배출하였는가, 대대로 벼슬은 어느 정도 하였는가(벼슬은 정승, 대제학, 육조판서, 호당에 몇 명이 들어갔는가를 확인한다.), 후손들의 행실이 도덕적이었는가, 그 집안의 학문적 깊이는 어느 정도였는가, 국가가 위기에 처했을 때 공을 세운 인물이 많은가 등등을 종합해서 평가하게 된다. 이러한 종합적인 평가는 어느 특정기관이 맡아서 하는 것이 아니고, 세월을 두고 자연스럽게 쌓여온 평판들이 모여서 하는 것이다. 그리하여 안동 권씨는 양반이라는 결론에 도달하였다.

그렇다면 구체적으로 안동 권씨가 어떤 면에서 양반일까?

1. 과거 급제자(문과)를 전주 이씨 다음으로 많이 배출함

조선시대의 명문가문(名文家門)을 판단하는 기준은 여러 가지

이지만, 이 중에서도 가장 중요한 것은 과거합격자 수다. 과거 합격은 관료 진출을 의미하고 국가 지도층, 주류로 편입되는 지름길이기 때문이다. 즉 '과거(科擧)'에 합격하는 것은 명문가의 반열에 오르는 것과 동시에 가문에 영광을 선사하는 최고의 이벤트였다.

물론 단편적인 잣대로 명문가 서열을 결정하는데 무리가 없는 것은 아니지만, 가장 객관적인 수치인 것은 확실하다. 조선왕조 500년 동안 과거시험에 합격한 사람들에 대한 성씨별 통계 기록을 보면, 전주 이씨가 가장 많았고 다음이 안동 권씨였다. 즉 왕족인 전주 이씨를 제외하고는 안동 권씨가 과거의 급제자를 가장 많이 배출한 가문인 것이다.

조선시대 문과급제자 배출가문 중 최고는 단연 왕가(王家)인 전주 이씨다. 모두 873명이며, 다음이 안동 권씨 359명, 파평 윤씨 332명, 남양 홍씨 329명, 안동 김씨 315명, 청주 한씨 287명, 광산 김씨 265명, 밀양 박씨 261명, 영안 이씨 250명, 여흥 민씨 244명, 진주 강씨 221명, 반남 김씨 214명, 경주 김씨 202명, 동래 정씨 198명 순이다.

이외에도 안동 권씨에서는 무과 99명, 사마시 913명, 역과 9명, 의과 4명, 음양과 1명, 율과 5명 등 모두 1,398명의 과거 급제자를 배출 하였기에 조선시대 명실상부한 최고의 양반 가문이라 아니할 수 없다.

2. 가문의 뿌리가 명확함

안동 권씨 시조인 권행은 신라 성골(聖骨)출신인 경주 김씨 김알지(金閼智)의 후손으로 고려 왕건(王建)이 후삼국을 통일할 때 공을 세워 왕건으로부터 안동 권씨라는 성씨를 하사 받았기 때문에 역사적으로 검증된 혈통을 갖게 되었다.

3. 시조 묘소를 가지고 있음

대다수의 가문들은 시조의 묘소가 전해지지 않고 있다. 그런데 안동 권씨는 권행의 묘를 훌륭히 지켜오면서 매년 제향을 하고 있으니 명문가를 자처하는 수많은 가문 중에서도 보기 드문 일이다.

4. 간신(奸臣)이나 역신(逆臣)이 없음

조선왕조는 500년 동안 수많은 당쟁(黨爭)과 사화(士禍)를 겪으면서 파란의 역사를 이어왔다. 그런데 안동 권씨 중에 타의에 의해 사화나 당쟁의 화를 당하신 분은 있으나 스스로 파당을 만들어 이에 앞장선 사람은 단 한 분도 없고, 또한 간신이나 역신으로 기록된 분도 없다. 이는 다른 가문에서는 거의 보기 드문 일이다.

제2장 안동 권씨의 뿌리

1. 안동 권씨 성씨의 유래

안동 권씨의 성씨유래(姓氏由來)는 『남강권상가첩(南崗權常家牒)』에 상세히 기록되어 있다. 신라 말년에 김행(金幸)은 김선평(金宣平), 장정필(張貞弼) 두 사람과 고창군을 지키고 있었다. 그때 견훤(甄萱)이 신라 서울에 침입하여, 병졸을 풀어 크게 노략질하고, 자신은 왕궁에 들어가 좌우부하들을 시켜 왕을 찾아내어 군중(軍中)에 앉히고 협박해서 자살하게 만들었다. 그리고 왕비를 강제로 능욕하고 소년 소녀와 백공(百工)과 병장(兵仗)과 보물을 모조리 약탈해서 돌아갔다. 이 소식을 들은 고려는 사신(使臣)을 보내어 조문하고 왕의 제사를 올리게 했으며, 친히 군사를 거느리고 나아가 구원하게 되었다. 신라 서울을 침범한 견훤의 군대가 다시 북상하자, 신라를 도우러 온 고려(高麗) 왕건(王建)은 고창군 북쪽 병산(甁山)에 진을 치고, 견훤의 군대와 정면 대결을 하게 되었다. 기세등등한 견훤의 군대는 고려 왕건의 군대를 포위하니, 고려군의 전세는 매우 불리했다. 이때, 김행이 두 사람과 의논하기를, "견훤은 무도하게도 신라의 왕을 죽이고, 왕비를 능욕하고 노략질을 일삼으니, 함께 같은 하늘 아래 살 수 없는 대역적이지만, 우리의 병력이 그에게 미치지 못하니, 원통한 이 일을 능히 보복할 길이 없소. 뿐만 아니고 군사상 요충지를 그에게 점령당하고 말았으니 무리하게 싸움을 걸다가는 모든 병졸들이 고기밥이 되고 말 것이오. 그러므로 우리는 이때 현명한 판단을 내려야 할 것이오. 고려의 왕건은 신라왕의 제사를 지내게 하고, 어지러운 상태를 수습하고 도우려하는 기미가 보이니, 왕건에게 성문을 열어주고, 그의 군대와 협력해서 반역자 견훤을 친다면, 위로는 임금의 원수를 갚을 수 있고, 아래로는 백성의 생명을 구할 수 있는 길이 되니, 이렇게 해서 통분(痛憤)을 씻는 것이 어떠하겠소?" 하니 두 사람도 이에 찬성하였다. 그리하여 고려 태조(太祖)에게 성문을 열어주고 함께 견훤을 칠 것을 말하니, 왕건은 기뻐하며, "김행은 능히 낌새에 밝아서 귀순(歸順)하니 권도(權道)와 사리(事理)를 잘 알고 통달하니 가히 권(權)이었구나."라고 하였다.

그 후 왕건은 신라에서 귀순한 김행, 김선평, 장정필과 함께 안동 병산(지금의 안동시 와룡면 서지리 계곡)전투에서 크게 이겼다. 이 싸움을 계기로 왕건은 승세를 굳혀 후삼국을 통일하는 계기가 되었다.

고려 왕건은 후삼국을 통일한 후 930년 정월 논공행상(論功行賞)을 하는 자리에서 김행을 가리켜, "능히 역사(歷史)의 흐름과 기미(機微)에 밝아 전도(前途)를 먼저 예측하여 기회(機會)를 놓치지 않고 권도로서 고려와 연합하여 신라왕실의 원수를 갚고 도탄에 빠진 백성도 구하고 삼국을 통일하게 하였으니 권도가 통달(通達)하였다." 하며 권도권자(權道權字)로 성(姓)을 내리고, 그를 고려삼한벽상삼중대광아보공신태사(高麗三韓壁上三重大匡亞父功臣太師)라는 최고의 벼슬로 봉했으며, 안동군(安東郡)을 승격시켜 안동부(安東府)로 삼고, 안동을 식읍(食邑)으로 하사(下輝)하게 되니 안동 권씨(安東 權氏)의 본향(本鄕)이 안동이 되었다.

삼한벽상삼중대광(三韓壁上三重大匡)은 정일품(正一品) 벼슬로서 정승(政丞) 반열의 윗자리며, 아보공신(亞父功臣)은 국부(國父)에 버금가는 공신 벼슬이고, 태사(太師)는 정일품(正一品) 가운데 으뜸가는 벼슬로 왕(王)의 스승격이라는 뜻이다.

고려건국 초기에 경주 김씨인 김행이 고려 태조 왕건으로부터 성을 하사받음으로서 안동 권씨(安東 權氏)는 천년 세월을 흘러 내려오며 안동 권문의 세족을 이루어 살게 되었다.

2. 안동 권씨의 바탕 (2세~9세)

시조 권행에서 시작된 안동 권씨의 혈통은 2세부터 8세까지는 자손을 많이 두지 못하였다. 특히 6세부터 8세까지 각각의 집안에서 아들 하나를 두었다는 것은 우연이라고 할 수도 있겠지만 아마도 장남만 기재하고 차남 이하는 기재하지 못한 것으로 추측된다. 안동 권씨는 9세에 이르러 자손이 늘기 시작하고, 다음 10세에 이르러 15개 파로 분파되었다.

2세에서 8세까지 선조들이 맡은 관직은 보통 호장, 별장 등으로 향리직(鄕吏職)의 우두머리를 말하는 것이다. 고려시대에는 중앙에서 지방관이 파견되지 않았던 속현(屬縣)들이 많아 지방의 토호적(土豪的) 존재로서 상당한 세력을 가지고 있었다. 이들 관직

세	성 명	세보	관직
2세	권인행	권 행 외아들	낭중
3세	권 책	권인행 1남	호장
	권 윤	권인행 2남	-
4세	권균한	권 책 1남	별장
	권광한	권 책 2남	호장
	권겸한	권 책 3남	호장
	권응화	권 윤 외아들	별장
5세	권자팽	권균한 외아들	호장정조
	권굉옥	권광한 1남	호장
	권굉진	권광한 2남	호장
	권위융	권겸한 외아들	호장정조
	권공황	권응화 외아들	호장보승별장부호장
6세	권선개	권자팽 외아들	호장동정행익아교위
	권유윤	권굉옥 외아들	호장
	권황헌	권굉진 외아들	호장
	권안굉	권위융 외아들	부호장
	권진부	권공황 외아들	부호장
7세	권 염	권선개 외아들	호장동정배융교위
	권 수	권유윤 외아들	호장
	권정윤	권황헌 외아들	-
	권 혁	권안굉 외아들	호장
	권진평	권진부 외아들	호장
8세	권이여	권 염 외아들	호장
	권정간	권 수 외아들	-
	권필생	권정윤 외아들	-
	권입평	권 혁 외아들	호장동정
	권백서	권진평 외아들	권지호장
9세	권백시	권이여 1남	호장
	권중시	권이여 2남	보승별장
	권취의	권이여 3남	호장
	권 통	권이여 4남	호장
	권취정	권이여 5남	-
	권 융	권이여 6남	-
	권 엄	권이여 7남	-
	권위평	권정간 외아들	인용교위
	권영화	권필생 외아들	호장
	권단정	권입평 1남	호장동정
	권의정	권입평 2남	-
	권춘각	권백서 외아들	호장정조

들은 보통 세습 되었다.

3. 안동 권씨는 15개 대파(大派)

시조 권행 이후로 우리 안동 권씨는 10세에 이르러 15개의 큰 파로 갈라졌다. 15세에 이르러서는 파가 기하급수적으로 늘어나 1백여 개에 달하고 20세를 넘으면 그 수를 알 수가 없게 된다. 이것을 모두 각기의 '파(派)'라고 부른다.

현재 안동 권씨의 후손은 약 78만 명이며, 그중 추밀공파의 후손이 28만 6천 명으로 가장 많고, 그 다음으로 복야공파, 부정공파, 좌윤공파, 검교공파 순이다.

번호	파명	파의 시조(派祖)	인명수(명)	관직
1	종파(宗派)	권수중(權守中)	4,000(12)	-
2	부호장공파(副戶長公派)	권시중(權時中)	16,000(9)	부호장
3	추밀공파(樞密公派)	권수평(權守平)	286,000(1)	추밀원부사
4	복야공파(僕射公派)	권수홍(權守洪)	221,000(2)	상사좌복야 상장군
5	동정공파(同正公派)	권체달(權체達)	25,000(7)	호장동정
6	좌윤공파(佐尹公派)	권지정(權至正)	37,000(4)	호장좌윤
7	별장공파(別將公派)	권영정(權英正)	29,000(6)	별장
8	부정공파(副正公派)	권통의(權通義)	85,000(3)	식록부정
9	시중공파(侍中公派)	권인가(權仁可)	17,000(8)	전중내급사
10	급사중공파(給事中公派)	권형윤(權衡允)	9,000(11)	중사
11	중윤공파(中允公派)	권숙원(權叔元)	2,000(13)	호장중윤
12	군기감공파(軍器監公派)	권사발(權思拔)	1,000(14)	군기감
13	정조공파(正朝公派)	권대의(權大宜)	11,000(10)	호장정조
14	호장공파(戶長公派)	권 추(權 樞)	1,000(15)	호장
15	검교공파(檢校公派)	권 척(權 倜)	36,000(5)	검교대장군

제3장 안동 권씨의 자랑

1. 한국 역사상 가장 먼저 시작한 네 가지

가. 가장 먼저 족보를 만듦 (성화보)

조선시대 유교질서 사회 속에서 각 가문에서 가장 중요시한 것이 족보이다. 족보는 남자를 중심으로 혈연관계를 도표식으로 나타낸 한 가문의 계보이다. 우리 안동 권씨 가문은 우리나라에서 가장 먼저 족보를 만들어, 조상을 존경하고 종족의 단결을 도모하고, 후손으로 하여금 촌수의 멀고 가까움에 관계치 않고 화목의 기풍을 이루게 하였다.

한국 최초의 족보인 『성화보(成化譜)』는 권근과 그의 아들 권제가 함께 만들다가 일을 마치지 못하고 일찍 죽자 권제의 생질인 대제학 서거정(徐居正)이 성종 7년(1476년)에 마무리하여 발간한 것이다.

안동 권씨 족보인 『성화보』는 현재 전하는 한국의 족보 가운데 가장 오래된 것이다. 『성화보』는 현재 규장각 도서관에 보관 중이다.

나. 대제학(大提學)에 처음으로 오름 (권근)

대제학이란 국가 최고의 학자가 맡는 관직이었기 때문에 학문하는 모든 선비들은 대제학의 직위를 맡는 것을 최고의 명예로 여겼다.

대제학은 온 나라의 학문을 바르게 평가하는 저울이라는 뜻으로 '문형'이라고도 하였는데, 학문의 권위가 높다고만 해서 되는 관직이 아니었다. 문과 대과 급제자이면서도 문신으로 임금의 특명을 받은 사람들이 공부하던 호당(湖堂) 출신만이 가능하였다.

대제학이 되려면 전임자가 학식과 덕망이 있는 사람 중에서 뽑아 추천해서 전임, 현임 정승과 이조판서 등이 투표로 결정해 왕의 재가를 얻어 임명되어야 하였다. 한번 임명되면 본인이 사임하지 않으면 종신토록 할 수 있었다. 대제학은 전임직이 아니라 타관이 겸임하는 겸직이었고, 품계(品階)는 판서와 동등한 정이품(正二品)이었지만 삼정승(三政丞)이나 육조판서(六曹判書) 보다도 높이 대우하였다.

이러한 이유로 대제학은 조선시대 '벼슬의 꽃'이라 할 수 있었으며 영의정이 부러워하는 벼슬자리로 "3대가 선(善)을 베풀어야만 대제학 한 명을 배출 할 수 있다"는 말이 나올 정도로 양반문벌가문을 결정하는, 모든 사람이 선망하는 핵심적인 벼슬이었다.

그런데 이와 같이 최고의 학식과 경륜(經綸)으로 상징되던 대제학(大提學)에 가장 먼저 오르신 분이 바로 안동 권씨의 16세손 권근(權近)이었다. 그 후에도 17세손 권제(權踶), 18세손 권람(權擥), 27세손 권유(權愈) 등이 올랐다.

다. 독서당(讀書堂)에 처음으로 들어감 (권채)

독서당은 국가의 인재를 길러내기 위해 설립한 전문독서연구기

관으로서 이곳에 들어가는 사람들은 왕들의 많은 총애를 받았다.

독서당은 조정에서 총명한 젊은 문신을 선발해 휴가를 주고 글을 읽도록 하는 등 인재양성을 위해 세종 8년(1426)에 설치한 것이다.

선발조건은 나이가 적은 문신이어야만 가능했으며 비용은 모두 국가에서 지출하였다. 독서당은 권위를 높이려고 인원을 엄격히 규정하여 한 번에 대체로 6명 안쪽이었고, 대제학은 독서당을 거친 사람이라야 임명이 가능하게끔 제도화되어 있었다. 독서당 제도를 통하여 유명한 정치가·유학자가 많이 탄생하였다. 조선시대 전체에 걸쳐 독서당에 들어간 인원은 총 48차(1426~1773)에 걸쳐 320명뿐이었다.

이와 같이 중요한 인재를 길러내기 위해 세운 전문독서연구기관인 독서당에 처음으로 들어가신 분이 바로 안동 권씨의 17세손인 권채(權採)였다. 그 후에도 19세손 권건(權健), 권경유(權景裕), 권달수(權達手), 23세손 권운(權雲), 25세손 권중경(權重經)이 들어가는 등 모두 6명이었다.

라. 기로소에 처음으로 들어감 (권희, 권중화)

기로소란 조선 태조 때 연로한 문인신하들을 예우하기 위해 설치한 명예기구였다. 기로소에 들어가기 위해서는 정2품 이상의 벼슬을 한 문인신하로서 70세 이상이 되어야만 하였다. 기로소가 맡은 일은 임금의 태어난 날과 설날, 동지, 그리고 나라에 경사가 있거나 왕이 행차할 때, 모여서 하례(賀禮)를 행하거나 중요한 국사(國事)의 논의에 참여하여 왕의 자문에 응하는 것이다.

기로소에 들어간 문인 신하들은 죄를 짓는다 하여도 정상이 참작되어 면죄를 받을 정도로 인정을 받았다. 임금도 나이가 많아지면 기로소에 들어갔는데 숙종(59세), 영조(51세), 고종(51세) 등이 이에 해당된다. 이 때문에 기로소에 들어가는 것을 더할 수 없는 영광으로 여겼으며 조선시대 전체를 통틀어 기로소에 들어간 인원은 약 7백 명뿐이었다.

안동 권씨에서는 태종 때 영의정(領議政)을 지낸 14세손 권중화(權仲和)와 태조 때 검교좌정승(檢校左政丞)을 지낸 15세손 권희(權僖)가 처음으로 들어갔다. 그 후 세종 때 좌의정(左議政)을 지낸 17세손 권진(權軫) 등 총 21명이 기로소에 들어갔다.

2. 명문가문의 후예들

가. 왕비가 되신 분

안동 권씨에서 왕비가 되신 분은 한 분으로 현덕왕후(顯德王后, 1418~1441)이다. 현덕왕후는 조선 5대 임금인 문종의 왕비이며, 6대 임금인 단종의 어머니이다.

현덕왕후는 화산부원군 권전(權專)의 딸이다. 처음에는 왕세자 이향(문종)의 후궁인 승휘로 궁에 들어갔으나, 세자의 두 부인인 휘빈 김씨와 순빈 봉씨가 갖가지 비행으로 왕실을 문란케 한 뒤 폐위되자, 이미 딸(경혜공주)을 낳은 권씨가 세자빈으로 책봉되었다. 1441년에 원손(단종)을 낳았으나, 원손을 낳자마자 3일 뒤에 산후병으로 사망하니 나이가 겨우 24세였다. 남편 문종이 왕위에

오른 뒤, 현덕왕후로 추존되었다.

훗날, 세조가 단종을 죽인 뒤, 현덕왕후의 혼령이 세조의 장남인 의경세자의 꿈에 나타나 그를 죽게 하였다고도 한다. 이에 분노한 세조는 안산에 있던 현덕왕후의 소릉을 파헤치고 관은 강에다 버렸으며 현덕왕후의 신주를 종묘에서 내쳤다. 숙종 연간에 그녀의 신주가 종묘에 다시 오르게 되었다.

나. 부마도위(駙馬都尉)가 되신 분

부마도위는 왕의 사위에게 주던 칭호이다. 공주에게 장가든 사람에게는 종1품의 위(尉)를, 옹주에게 장가든 사람에게는 종2품의 위를 주었다. 또한 왕세자의 적녀(嫡女)인 군주(郡主)에게 장가든 사람에게는 정3품의 부위(副尉)를, 왕세자의 서녀(庶女)인 현주(縣主)에게 장가든 사람에게는 종3품의 첨위(僉尉)를 주었다.

안동 권씨(安東 權氏)에서 부마도위(駙馬都尉)가 되신 분은 17세손 화성위(태조, 신숙옹주) 권상검(權尙儉), 17세손 길천군(태조, 경안공주) 권규(權跬), 18세손 화천군(태종, 숙근옹주) 권공(權恭), 24세손 길성군(선조, 정선옹주) 권대임(權大任), 24세손 동창위(선조, 정화옹주) 권대항(權大恒) 등 5명이다.

다. 정승자리에 오른 분

정승(政丞)은 임금을 보좌하는 최고의 관직이다. 고려시대에는 문하시중을 조선시대에는 3정승(영의정, 좌의정, 우의정)을 통틀어 정승이라고 하였다.

안동 권씨 가운데 정승의 자리에 오른 분은 다음과 같다.

1) 행직정승(行職政丞)

행직정승은 생존 시 직접 국가 권력의 최고자리에 올라 업무를 처리하고 왕을 보좌한 분을 말하는데 안동 권씨에서는 권중화(權仲和, 영의정, 14세손), 권진(權軫, 좌의정, 17세손), 권람(權擥, 좌의정, 18세손), 권균(權鈞, 좌의정, 20세손), 권철(權轍, 영의정, 21세손), 권대운(權大運, 영의정, 24세손), 권상하(權尙夏, 좌의정, 27세손), 권돈인(權敦仁, 영의정, 31세손) 등 모두 8명이다.

2) 증직정승(贈職政丞)

증직정승은 죽은 뒤에 정승의 관직을 받은 분을 말한다. 형식적인 부분이 있었으나 후손들은 큰 영예로 여겼다. 안동 권씨에서 증직정승이 되신 분은 조선 태종 때 대제학, 찬성사를 지낸 16세손 권근(權近, 追贈 좌의정)을 비롯하여 모두 39명이었다.

라. 봉군을 받은 분

봉군(封君)이란 조선시대 종친·공신 등을 군(君)으로 봉하던 일을 말한다. 즉 임금의 적자(嫡子)를 대군(大君, 정1품)으로, 임금의 서자(庶子, 정1품), 왕비의 아버지(府院君, 정1품), 2품 이상의 종친·공신(功臣, 정2품) 및 공신의 상속자 등을 군으로 봉하던 일을 말한다. 이들 봉군자에게는 읍호(邑號)라 하여 군 앞에 출신 관계의 지명을 붙여 호칭하였으며 품계는 정1품에서 종2품까지였다. 안동 권씨에서는 12세손 권정(權貞)이 복계군(福溪君)

으로 봉군(封君)된 이후로 모두 70명이 봉군을 받았다.

마. 시호를 받은 분

시호(諡號)는 죽은 인물에게 국가에서 내려주거나 죽은 군주에게 다음 군주가 올리는 특별한 이름이다. 조선시대에서는 이름을 함부로 부르는 것을 꺼려했기 때문에 생전에는 주위의 지인 또는 자신이 만든 호(號), 관례 때에 받은 자(字) 등을 사용하였고, 사후에는 시호로 호칭하였다. 시호는 왕이나, 공신, 고급 관료, 기타 국가적으로 명망을 쌓은 저명한 인물에게 주어졌다. 신하에게 준 시호는 통상 2글자로 정하며, 그 뒤에 공(公)을 붙여 호칭하였다. 안동 권씨에서는 좌의정을 지낸 권상하(權尙夏, 27세손)가 문순(文純)의 시호를 받은 것을 비롯하여 모두 64명이 시호를 받았다.

바. 벼슬이 아주 높았던 분

정승 다음 가는 벼슬을 지낸 선조는 무수히 많은데 안동 권씨에서는 정2품 이상의 관직(찬성, 위, 참찬, 판서, 유수, 판윤 등)을 지낸 분은 조선 영조 때 대사헌, 부제학, 호조참판, 우부빈객, 함경도관찰사, 지돈녕, 이조판서를 지낸 28세손 권혁(權爀)을 비롯하여 모두 145명이나 된다.

사. 공신록에 오른 분

국가나 왕실을 위하여 공을 세운 사람에게 주던 칭호로서 그 칭호를 받은 사람을 공신(功臣)이라 하는데 조선시대 전체에 걸쳐

28차례나 있었다. 이 중 안동 권씨 가문에서는 8차례에 걸쳐 17명이 공신으로 책봉 되었다.

구분	내용	등위	성명
좌명공신 (佐命功臣)	1400년(태종원년) 회안대군(懷安大君) 방간(芳幹))의 난을 평정하고 이방원을 왕위에 오르게 하는데 공을 세운 48명에게 내린 공신 칭호	4등	권 근
정난공신 (靖難功臣)	1453년(단종원년) 수양대군(首陽大君)이 황보인, 김종서 및 안평대군 등을 주살하여 세종의 총신(寵臣)을 제거한 공을 세운 43명에게 내린 공신칭호	1등	권 람
		2등	권 준
		3등	권 언
좌익공신 (佐翼功臣)	1455년(세조원년) 세조의 즉위에 공을 세운 43명의 신하에게 내린 공신칭호	1등	권 람
		2등	권 반
		3등	권 공
		3등	권 채
익대공신 (翊戴功臣)	1467년(세조13년) 길주에서 군사반란을 일으킨 이시애 난을 평정한 후 공을 세운 44명에게 내린 공신칭호	3등	권 함
		3등	권 찬
좌리공신 (佐理功臣)	1469년(성종2년) 신숙주, 한명회 등의 신하들이 임금을 잘 보좌하고 정치를 잘 하였다 하여 73명에게 내린 훈명(勳名)	3등	권 함
정국공신 (靖國功臣)	1506년(중종원년) 박원종, 성희안 등이 연산군을 폐출하고, 진성대군을 추대하여 중종반정을 성공시키는데 공을 세운 117명에게 내린 훈호	3등	권 균
선무공신 (宣武功臣)	1592년(선조25년) 임진왜란 때 모든 대신들이 나라의 중흥에 일조를 하였다 하여 18명에게 내린 훈호	1등	권 율
		2등	권응수
		3등	권 준
분무공신 (奮武功臣)	1728년(영조4년) 이인좌, 정희량의 난을 평정한 공으로 15명의 신하에게 내린 훈명	3등	권희학

제4장 조상의 향기를 찾아서

1. 시조 권행(權幸)의 태사묘(太師廟)

우리 조상은 누구일까? 어떤 분이었을까? 나의 뿌리는 어디에 있을까? 안동 권씨가 남긴 유적을 찾아보면 좀 더 쉽게 그 의문을 풀 수 있을 것 같다. 권씨 성을 물려받은 두 아들과 함께 가장 먼저 시조의 흔적을 찾아보기로 했다. 우리 가문에 시집온 아내도 권씨 집안 사람이 되었으니 당연히 함께 하자고 했다.

본향인 안동은 조상의 흔적을 쉽게 더듬어 볼 수 있는 곳이다. 옛 안동대도호부 자리에 조성된 웅부공원에서 조금 더 걸어가면 현대식 콘크리트 건물 사이에 예스러운 모습의 건물이 나타난다. 바로 안동 권씨 시조를 떠올리면 생각할 수 있는 태사묘이다.

태사묘는 고려 태조 왕건(王建)을 도와 고려를 건국한 삼태사(김선평, 권행, 장정필)의 위패를 모신 곳인데, 가장 먼저 눈에 들어오는 곳이 2층 누각인 경모루(敬慕樓)이다.

경모루는 도시의 중심에 우뚝하니 자리하고 있어 지나가는 사람들에게 그 위용을 한껏 뽐내고 있다. 1층에는 태극 문양이 그려진 세 개의 문이 있는데 일 년에 두 번만 연다고 한다. 2층에는 '敬慕樓(경모루)'라는 현판이 크게 붙어 있다. 경모루는 회의와 제향시 북을 치는 곳이라고 한다. 먼저 경모루 왼쪽 문 옆에

△ 회의나 제향시 북을 치는 곳인 경모루

있는 안내판을 읽어 보았다.

안동 태사묘(安東 太師廟)
경상북도 기념물 제15호
경북 안동시 북문동

이 건물은 고려 건국에 공을 세운 삼태사(三太師)인 김선평(金宣平), 권행(權幸), 장정필(張貞弼)의 위폐를 모신 곳이다. 『태사묘사실기년(太師廟事實紀年)』에 의하면 고려 성종(成宗) 2년(983)에 처음으로 삼태사의 제사를 지냈다고 한다. 조선 성종(成宗) 12년(1481)에 터전을 마련했고, 중종(中宗) 37년(1542)에 현 위치에 사당을 건립하였다. 광해군(光海君) 5년(1613)에 확대·재건하여 그 이름을 태사묘라고 하였다.

한국전쟁 중에 소실된 것을 1958년에 보수, 완공하였는데 여기에는 보물각, 숭모당, 동·서재, 경모루, 안묘, 차전각 등이 있다. 묘정에는 삼공신비가 있고 보물각 내에는 삼공신의 유물이 보존 되어 있다. 태사묘는 정면 5칸, 측면 3칸, 자연석 기단 위에 주춧돌을 놓은 '一' 자형 집이다.

경모루의 삼문으로는 출입이 되지 않아서 우리는 숭보당(崇報堂)으로 들어가는 문으로 들어갔다. 갑자기 현대에서 과거의 역사 속으로 들어가는 문(門)이라는 생각이 든다. 출입문 정면에 서재(西齋)가 보인다. 할아버지들이 마루에 앉아서 이야기를 나누고 있다. 태사묘를 보러 왔다고 하자 어떻게 알고 왔냐고 물으신다. 안동 권가라고 하니 반갑게 맞이하며 한 분이 안내를 자청하신다.

서재는 안동권씨대종회와 안동장씨대종회가 사무실로 쓰고 있다고 한다. 서재(西齋) 맞은편에는 동재(東齋)가 있는데 이곳은 태사묘 관리위원회의 사무실과, 안동김씨대종회, 안동김씨화수회 사무실로 쓰고 있다고 한다. 서재와 동재 중앙에는 숭보당이 있는데 이곳은 당 회의나 참제원들이 숙식을 하는 곳이란다. 이곳에는 퇴계 이황 선생이 지은 중건기문이 판으로 걸려 있다.

숭보당과 제수를 봉안하는 전사청(典祀廳) 사이를 지나니 안동 김씨, 안동 권씨, 안동 장씨 삼태사의 묘정비가 나란히 세워져 있

△ 안동권씨대종회와 안동장씨대종회 사무실로 쓰이고 있는 서재

▽ 회의나 참제원들이 숙식을 하는 곳인 숭보당

다. 더운 날씨인데도 불구하고 할아버지는 묘정비 앞에서 한자를 읽어가며 설명을 해주신다. 가장 윗대 할아버지의 이야기를 듣는다고 아이들도 귀를 쫑긋 세우고 있다.

묘정비를 지나 태사묘에 이르렀다. 태사묘는 삼태사의 위패를 모시고 있는 곳으로 동쪽에 삼한벽상삼중대광아보공신 김선평(三韓壁上三重大匡亞父功臣 金宣平), 중앙에 삼한벽상삼중대광아보공신 권행(三韓壁上三重大匡亞父功臣 權幸), 서쪽에 삼한벽상삼중대광아보공신 장정필(三韓壁上三重大匡亞父功臣 張貞弼)의 위패가 놓여있다. 이곳에서 음력 2월과 8월에 향사(享祀)를 봉행 한다고 한다.

우리는 위패를 향하여 인사를 드리고 할아버지의 설명을 열심히 들었다.

사당은 고려 성종 2년(983)에 건립되었다고 하지만 확실하지 않으며 조선 중종 36년(1541)에 건립되었다가 명종 16년(1561)에 다시 수리되었고 6.25전쟁 때 소실된 것을 복원하였다고 한다. 태사묘는 경상북도기념물 제15호로 지정되어 있다.

△ 삼태사묘정비

태사묘를 지나서 할아버지는 특별히 보여주실 것이 있다며 안묘당(安廟堂)으로 향했다. 안묘당은 안중할머니와 안금이의 위패를 봉안한 곳이다. 안중할머니는 병산대첩 때 몰래 고삼술을 빚어 견훤(甄萱)의 군사들에게 만취(滿醉)하게 하고 삼태사에게 알려 급습으로 승리할 수 있게 하였다는 전설이 전해지고 있는 분이다.

안금이는 조선 선조(宣祖) 임진왜란(1592~1598) 때 묘지기였는데 삼태사(三太師)의 위패(位牌)를 길안면 국란(菊蘭) 계곡 동굴로 모셔가서 봉향(奉享)하다가 난이 끝난 후 다시 이곳에 봉안하였다.

△ 안중할머니와 안금이 위패를 봉안한 안묘당

이에 후손들이 안묘당(安廟堂)을 지어 안중(安中)할머니는 달리는 백마(白馬)를 그려 전승(戰勝)을 상징(象徵)하고 안금이(安金伊)는 위패(位牌)로 모시고 삼태사공(三太師公) 향사시(享祀時)에 마련된 음식으로 잔(盞)을 올려 그들의 공(功)을 기렸다고 한다.

여러 난을 겪었지만 이렇게 지켜져서 후손들이 지금까지 조상을 기릴 수 있게 해 준 고마운 분들이라는 생각이 든다.

우리를 안내해 주시던 할아버지가 바쁜 일이 있다고 하시며 나머지는 찬찬히 둘러보라고 하신다. 꼭 아버지 같은 분이다.

숭보당 옆에는 보물을 소장한 보물각(寶物閣)이 있는데 보물각 앞에는 안내판이 있다.

안동 태사묘 삼공신 유물(安東 太師廟 三功臣 遺物)
보물 제451호
경북 안동시 북문동

이 유물은 고려 건국에 큰 공을 세워 태사(太師)가 된 김선평(金宣平), 권행(權幸), 장정필(張貞弼)의 것으로 추정된다. 태사묘는 고려 초 안동부의 백성들이 삼태사의 업적을 추모하여 사당을 세우고 제사를 지낸 것이 그 시초라고 한다. 조선 중종(中宗) 37년(1542)에 지금의 자리로 옮겼다.

유물은 보물각 안에 보관되어 있는데 붉은 잔, 무늬 비단, 비단, 관, 부채, 구리 도장, 놋쇠함, 옥관자, 허리띠, 교지(敎旨), 구리 수저 등 모두 12종 22점이 있다. 개별 유물이 삼태사 가운데 누구의 것인지는 불분명하나 고려초의 생활용품이라는 것에 큰 가치가 있다.

△ 보물각

보물각은 문이 굳게 잠겨 있어 유물을 직접 볼 수가 없다. 아쉬움을 남기며 발길을 옮겼다.

태사묘 뒤편에는 차전놀이의 본당인 차전각이 자리잡고 있다. 차전각 안에는 안동지방의 전통적인 민속놀이인 동채싸움(차전놀이)에 사용하는 전차가 보존되어 있다. 동채싸움은 고려 왕건과 견훤의 싸움에서 삼태사의 결정적 역할로 왕건이 승리하고, 평화가 오자 이를 기리기 위하여 비롯되었다고 한다.

　　　　안동 차전놀이
　　　　중요무형문화재 제24호
　　　　경북 안동시 북문동

△ 차전놀이 용구를 비치하는 차전각

  이 놀이는 안동지방에서 전승되어 오는 대규모 집단 민속놀이의 하나로 동채싸움이라고도 한다. 이 놀이는 후삼국시대에 고을의 삼태사가 왕건을 도와 후백제의 견훤을 무찌른 것을 기념하기 위해 전승하여 왔다고 한다.

  이 놀이에 사용되는 동채는 연말에 동채목을 준비하는 것에서 비롯된다. 산에 올라 먼저 산신께 고사를 지내고 나무를 벤다. 동채목은 10m 정도 되는 참나무 두 개를 사용한다. 운반된 나무로 동채를 만들 때는 상대편 사람들이 볼 수 없도록 대문을 잠그고 작업을 하였다고 한다.

매년 정월 대보름을 전후해서 차전놀이를 했다. 대보름이 되면 안동부의 주민은 동서로 두 편을 나누어서 각 편이 만든 동채를 메고 백사장이나 넓은 보리밭으로 나온다. 동채 위에는 대장이 올라타서 왼손은 동채에 연결된 줄을 잡고 지휘는 오른손으로 한다. 먼저 대치한 상태에서 여러 차례 자기편 동채를 들었다 놓았다 하면서 기세를 올린 뒤에 머리꾼들이 격렬한 몸싸움을 전개한다. 그런 다음 서로 동채를 부딪치는데, 상대편 동채를 눌러서 땅에 닿게 하거나 대장을 떨어뜨리면 이기게 된다. 동채싸움에서는 손은 사용할 수 없고 오직 어깨만 사용할 수 있기 때문에 부상자는 거의 없는 편이다.

그밖에 태사묘 관리인이 거주하는 주사(廚舍) 건물이 있다. 태사묘를 모두 둘러본 셈이다.

태사묘를 보고 나오는데 새삼스레 눈에 들어오는 것이 태사묘를 두르고 있는 담장이다. 태사묘 담장은 도심과의 거리를 유지하는 경계를 아주 멋지게 나타내 주고 있다. 조금 전 우리가 아스팔트길을 걸어왔다는 것을 잊어버리고 고요함과 평안함을 느끼게 해준다. 담장 하나의 역할이 이처럼 크게 생각되어질 수가 없다. 아이들은 우리의 시조인 권행(權幸) 할아버지에 대해 좀 더 많이 알게 되었다고 서로 자랑하고 있다.

2. 안동 권씨 능동재사(安東 權氏 陵洞齋舍)

3월 말임에도 불구하고 비가 내릴 것 같은 쌀쌀한 날씨다. 능동재사를 가기로 마음먹고 포항을 출발하여 안동으로 향했다. 요즘은 어디를 가나 고속도로가 시원하게 뚫려있어서 생각보다 쉽게 움직일 수 있다.

중앙고속도로를 나와 안동시 서후면 방향으로 들어서면 '안동 권씨 시조 권태사 묘소 입로'라고 쓰여 있는 기다란 표지석이 우뚝 서 있다. 표지석을 따라 길을 들어서니 오른쪽에 송야천이 흐르고 길 옆에는 오래된 버드나무가 줄지어 섰다. 마치 이곳의 오래된 역사를 말해주고 있는 것 같다.

500m 정도 가니 '관물당'으로 들어가는 이정표가 보인다. 관물당은 나오는 길에 들러보기로 하고 바로 달렸다.

안동시 서후면사무소 옆에서 간단히 점심을 먹고 봉정사 가는 길을 따라 2km 정도를 가니 '능동 권태사 묘소'라는 버섯모양의 표지석이 나온다.

왼쪽 길로 접어들어서 얼마 안 가니 '권태사 신도비각'이다. 비각 앞에는 소나무들이 굳은 절개를 보여주듯이 하늘을 향하여 쭉쭉 뻗어 있다. 출입문이 굳게 닫혀 있어서 안으로 들어가서 자세히 볼 수는 없다. 비각의 현판에는 '권태사신도비각(權太師新道碑閣)'이라

△ 신도비각

고 쓰여 있고, 비각 안에는 거북 위에 비신과 이수를 얹어 놓았다.

신도비는 사대부의 경우에는 생전에 세운 공로나 인품을 기록하여 비석을 크게 세웠다고 한다. 귀부와 이수를 갖춘 형식이나 귀부는 생략하고 이수만 갖추기도 하였다. 비각 오른쪽에는 하마비(下馬碑)가 있다.

이곳에서부터는 말에서 내려 걸어가라는 뜻이다. 하지만 세상이 바뀌었는지라 우리는 애마를 타고 능동재사 쪽으로 올라갔다. 그런데 또 다른 신도비각이 나온다. 최근에 건립되었는지 무척 깨끗하다. 비각으로 들어가는 문 양쪽엔 성금을 낸 사람들의 명단이 적혀 있다.
　이 비각에는 안내표지판도 서 있다.

△ 신도비각 앞에 있는 하마비

　　권태사 신도비 (權太師神道碑)
　　경상북도 문화재자료 제63호
　　경북 안동시 서후면 성곡리

　　이 비는 안동 권씨(安東 權氏) 시조인 태사(太師) 권행(權幸)의 신도비로 능동재사(陵洞齋舍) 왼쪽에 있다. 그는 후삼국시기에 고려와 후백제가 싸운 고창(안동의 옛 지명)전투에서 고려 태조(太祖) 왕건(王建)을 도와 승리함으로써 공신에 책봉되어 권씨를 사성(賜姓)받았다.

조선 현종(顯宗) 2년(1661) 권행의 24세손인 군수 권성원(權聖源)이 이 비를 세웠으며 전체 높이는 3.75m이고, 좌대의 귀부(龜趺) 위에 비신(碑身)과 용모양의 비머리를 얹었다. 비문(碑文)은 숙종(肅宗)때 우의정을 지낸 허목(許穆, 1595~1682)의 전서(篆書)이며, 비각은 1971년에 세운 것이다.

권태사 신도비각 바로 위에 능동재사 건물이 있다. 우리는 건물 앞 넓은 주차장에 주차를 하였다. 능동재사는 높은 축담 위에 자리 잡고 있고, 왼쪽에 안내판이 있다.

안동 권씨 능동재사(安東 權氏 陵洞齋舍)
중요민속자료 제183호
경북 안동시 서후면 성곡리

이 재사는 고려 삼태사(三太師) 중의 한 명인 권행(權幸)의 묘제를 위해 마련되었다.

조선 효종(孝宗) 4년(1653)에 마루, 방, 곳간 등 16칸을 건립하였고, 숙종(肅宗) 9년(1683) 관찰사 권시경(權是經)이 누각 7칸을 더 지었다. 영조(英祖) 19년(1743)에 불탄 것을 다시 지었고, 1896년 다시 화재가 있었다. 안채, 안사랑채, 사랑채, 대문간채, 별당, 곳간채 등 총 70여 칸의 건물 중 지금은 임사청(任事廳), 전사청(典祀廳) 등 몇 칸만 남았다. 재사로는 보기 드물게 큰 건물로 제례(祭禮)의 규모를 짐작케 한다.

제일 먼저 맞이하는 것이 추원루이다. 축대를 쌓아 그 위에 건

△ 능동재사의 정문인 추원루

물을 지었다. 2층 누각에 '追遠樓(추원루)'라는 현판이 걸려있다. 추원은 먼 조상의 음덕을 기린다는 뜻이 담겨져 있다고 한다. 밑에서 본 누각은 웅장하고 아름답다. 정면 7칸, 측면 2칸으로 아주 크다. 하회의 병산서원 만대루와 비슷한 느낌이다. 재사(齋舍)란 조상들의 묘소 앞에 건립되어 제사를 준비하기 위한 건물인데 이곳은 우리의 시조인 권행의 제사를 지내기 위해 마련된 건물이다. 묘소는 건물에서 앞으로 100m 거리의 천등산에 위치하고 있다.

　능동재사의 정문은 추원루 밑이다. 누각 안으로 들어가 계단을 오르니 능동재사 본 건물이 나온

△ 능동재사 본 건물

다. 본 건물은 문중 사람들이 묵고 회합할 수 있게끔 마련한 장소이다.

본채 건물 중앙에 '陵洞齋舍(능동재사)'라는 현판이 걸려 있다. 오른쪽 방에는 수임실(首任室)이라는 글자가 쓰여 있고 마루도 조금 더 높다. 이 방은 제사를 총괄하는 사람이 묵던 방인 것 같다. 그 왼쪽 옆으로는 참제원실(參祭員室)이다. 아마 제사를 참석하는 사람들이 묵던 방인 것 같다.

왼쪽과 오른쪽은 동재(안사랑채)와 서재(헛간채)인데, 이곳도 참제원실(參祭員室)이라는 문패가 있다. 오른쪽 건물인 동재에 전임자실(前任者室)이라는 문패가 있는 것을 보니 전에 제사를 주관한 사람이 머물던 방인 모양이다. 동재는 방 2칸에 전사청으로 통하는 문간이 1칸, 서재는 방 2칸에 부엌 1칸이다.

동재의 뒤쪽에는 제사를 준비하기 위해 마련된 임사청(供城齋 편액, 별당), 전사청(곳간채), 주사(안채, 관리인이 거주 하는 곳) 건물들이 있다.

능동재사 맞은편에 있는 누각으로 올라가 보았다. 누각에는 많은 현판이 걸려 있는데 그중에는 능동재사를 지을 때 돈을 낸 사람들의 이름이 빽빽하게 적혀 있다. 좀 특이하다는 생각이 든다. 바깥 풍경을 내다보니 시조 권행의 묘소가 울창한 소나무 숲 사이로 보일 듯 말 듯하다.

△ 새롭게 조성된 낭중공 권인행 단소

 능동재사 왼쪽 뒤에는 보판각(譜板閣)이 있다. 조선 영조 때(1758) 보판(譜板)을 영구히 보존하기 위하여 능동재사 북쪽에 세웠던 건물로 현재는 중요민속자료(제183~3호)로 지정되어 있다. 이곳에서 능동재사를 내려다보니 큰 'ㅁ'자와 작은 'ㅁ'자가 이어진 지붕이 한 눈에 보인다. 제사를

▽ 능동재사

안동 권씨

준비하고 머물던 선비들이 있는 본 건물과 제사의 음식을 준비하는 작은 공간이 두 개로 합쳐져 있는 구조이다.

능동재사 위에는 안동 권씨 아시조(亞始祖)인 권인행의 단소(壇所)가 새로 조성되어 있다.

권인행은 시조 권행의 독자이다. 권인행의 단소는 경북 청도에만 있는 것으로 알았는데 최근에 이곳에도 조성한 모양이다. 단소의 규모가 대단하다.

권인행의 단소를 내려와 능동재사 앞쪽 천등산(天燈山)에 있는 안동 권씨 시조 묘로 향했다. 산 입구에는 '안동 권씨 시조묘소 100m'라고 적혀 있는 작은 비석이 있다.

▽ 시조 묘소

소나무가 즐비한 작은 오솔길을 따라 들어가니 묘소가 나왔다.

이곳이 우리 시조의 묘이구나! 한번이라도 꼭 와보고 싶었던 곳, 내 눈으로 보고 싶었던 곳이다. 잔디를 덮고 있는 묘를 가만히 올려다보니 우리의 할아버지가 수염이 하얗게 난 얼굴로 마치 어서 오라며 손짓을 하는 것 같다.

시조 묘 왼쪽 앞에는 '고려삼한벽상삼중대광아보공신권행묘'라고 쓰여 있는 비석이 서 있다. 생각했던 것보다는 작은 규모이다. 묘 양쪽에는 망주석이 있고, 그 앞 양쪽에는 문인석이 서 있다. 시조 묘로서의 웅장함 보다는 위엄을 갖춘 단아함을 느끼게 한다고나 할까? 이 한 분의 뿌리에서 가지가 나고 뻗어 내게 이르렀다고 생각하니 돌아가신 아버지를 뵙는 듯하다.

시조 묘소 바로 앞에는 2기의 묘가 있는데 바로 앞의 묘는 16세손 평창군사(平昌郡事) 권옹(權雍)의 묘이다. 권옹은 안동 권씨 시조인 권행의 묘소임을 알게 된 지석(誌石)을 찾아낸 사람이다. 그가 죽을 때 아들에게 자신의 묘를 시조 묘 아래에 쓰라고 유언했기 때문에 권옹의 묘가 자리잡게 된 것이다. 이는 자신의 몸으로 시조의 묘역을 지키기 위해서였다고 한다. 죽어서도 조상을 지키겠다는 마음이 그대로 전해진다.

권옹의 묘 밑에는 조선 선조 때 영의정을 지낸 류성룡의 아버지인 풍원부원군 류중영(柳仲郢, 1515~1573, 황해도관찰사)의 묘가 있다. 능동재사 위에 있는 숭실재가 류중영의 묘제(墓祭)를 위한 재사이다. 묘소를 나와 숭실재도 둘러보았다. 누각인 영모루 건물이 검은 빛을 띠고 누각 위가 닫혀 있는 것이 특이하다.

능동재사는 그 규모가 어느 가문에도 뒤지지 않는다. 재사 건물 규모만 보아도 제례행사의 규모와 안동 권씨 가문의 세를 짐작할 수 있다. 뿌리 깊은 나무에는 가지와 잎이 무성하듯이, 우리 안동 권씨도 마찬가지이다. 조상의 깊은 뿌리 덕분에 후손이 번성하였다는 생각이 든다.

아직 봄기운이 재사 지붕에 이르지 못하고 있지만 머지않아 따스한 바람이 와 닿을 것이다.

3. 권인행(權仁幸)과 봉암재사(鳳巖齋舍), 낭중공 단소

오늘은 홀로 포항에서 청도군 운문면으로 차를 몰았다. 4월에 접어들었는데도 기세등등한 추위가 가시지 않고 몸을 감돌았는데 오늘은 날씨가 포근하고 봄기운이 확연하다. 지촌삼거리에서 왼쪽으로 들어가니 오래된 가옥이 보인다. 가옥 맞은편에는 '봉하리 보건진료소'가 있다. 봉하리 숲길 쉼터에는 오래된 나무들이 둘러쳐져 있다. 더운 여름에는 땀 흘려 일한 농부들이 잠시 쉴 수 있는 그늘을 제공해 줄 수 있는 나무들이다. 둥치가 큰 나무들은 이 마을의 오래된 역사를 말해주는 것 같다.

주차를 하고 아스팔트길을 따라 고택으로 가니 애완용 개처럼 생긴 작은 개들이 사냥개마냥 나에게 달려와 짖어댄다. 무섭기는 하였지만 여기까지 와서 돌아갈 수 없어 손을 흔들어 쫓으면서 고택으로 향했다. 그나마 덩치가 작은 개라서 다행이다.

봉암재사(鳳巖齋舍) 앞에는 '安東 權氏 郎中公재사 안동 권씨

△ 봉암재사

대종보 陵洞春秋' 간판이 서 있어 이곳이 안동 권씨와 관계된 집인가를 알 뿐이다. 아무리 둘러보아도 '봉암재사'라는 현판은 찾아 볼 수가 없다. 미리 사진을 보고 오지 않았다면 긴가민가하였을 것이다.

먼저 눈에 들어오는 것이 봉암재사 왼쪽에 있는 신도비각이다. 신도비각 앞에 서 있는 감나무 세 그루가 나를 맞이한다. 유난히 추웠던 봄날 때문인지 아직도 가지들이 앙상하다.

신도비각은 솟을대문으로 된 문과 벽돌로 둘러쳐진 기와담장 안에 보호되어 있다. 이곳에도 어

△ 신도비각

김없이 대문 양쪽에는 성금록이 기록되어 있다. 이 건물을 짓기 위해선 많은 돈이 필요 했을 것이고, 조상을 존경하는 마음 하나하나가 모여서 조상의 은혜를 생각할 수 있는 건물을 세울 수 있었을 것이다.

문이 열려 있어서 안으로 들어가 볼 수가 있었다. 비각위에는 '高麗郎中權公遺虛碑閣(고려낭중권공유허비각)' 이라는 현판이 걸려 있다. 비각 안에 있는 비에는 세로로 '高麗郎中安東權公仁幸遺虛碑 (고려낭중안동권공인행유허비)' 라고 쓰여 있다.

신도비각을 나와 봉암재사로 발길을 돌렸다. 건물 앞에는 짚단들이 쌓여 있는데 어린 시절 고향의 풍경을 보는 것 같아 반가웠다.

봉암재사로 들어가는 문은 건물 중앙에 있는데 '景仰門(경앙문)' 이라고 쓰여 있다. 매우 탄탄하고 강직하며 모두를 휘어잡을 것 같이 힘이 있는 해서체이다.

경앙문 안으로 들어서니 '一' 자로 된 봉암재사의 안채이다. 4칸의 방이 있는데, 각각의 방마다 어떤 사람이 사용하는지를 나무로 된 이름표로 표시해 놓았다. 안채 건물 중앙에는 '鳳巖齋舍(봉암재사)' 현판과 그 뒤에 '봉암재사기'와 '중수기' 현판이 걸려 있다.

안채 왼쪽은 수임실이고 오른쪽은 참제원실인데 이곳만이 따로 된 쪽마루가 깔려 있다. 안채 대청마루에 앉아 건물들을 바라보았다. 바깥채는 'ㄷ'자형 형태인데, 왼쪽은 별입실 두 개와 부엌이 있다. 부엌 앞에는 우물이 있다. 오른쪽에 방이 있는데 이곳은 아마 제사 음식 준비를 위한 공간인 것 같다.

위에 현판 글자가 '供誠齋(공성재)'이다. 풀이하면 삼가 정성으로 받들다가 아닐까? 봉암재사는 문화재로 지정이 되지 않다보니 오래되어 허물어진 곳이 많다.

△ 봉암재사 입구인 경앙문

옛날에는 문중의 땅을 경작하면서 재사건물을 관리하는 사람이 있었지만 요즘에는 그런 수고를 해 줄 사람이 누가 있겠는가? 봉암재사 주변은 건물이 있는 곳을 제외하고는 밭으로 변해져 있다. 안타까울 뿐이다.

돌아 나오는 길에도 작은 개들이 달려온다. 밭을 갈던 주인이 개들을 몰고 간다. '봉하리 숲속 쉼터' 돌 위에 앉아 잠시 쉬면서 주변의 정감을 느껴 보았다. 멀리서 들려오는 밭을 가는 농부의 트랙터 소리와 나무 위에서 지저귀는 새들의 소리들이 화음이 되어 들려온다. 바쁜 농촌의 정겨운 풍경이다.

잠시 농촌 풍경에 빠져 있는데 할머니 한 분이 집에서 나오신다. '권인행 단소'를 물으니 이 마을이 아니고 정상리에 있다고 하신다. 어떻게 재사는 봉하리에 있고, 단소는 정상리에 있는지 이해가 되지 않는다.

봉하리에서 조금 더 가니 정상리 마을이 나오고 마을 길목에 '安東 權氏 郎中公단소 500m 안동 권씨 대종보 陵洞春秋' 라는 간판이 보이지만 어디로 가야하는지 알 수가 없다. 돌담집과 큰 고목이 어우러진 쉼터를 지나니 오래된 가옥이 나왔다. 가옥 오른쪽 길을 따라 산길을 헤맸지만 권인행 단소를 찾지 못하고 다시 돌아 나왔다. 혹시나 해서 차를 몰고 마을 안으로 들어가니 오래된 고가가 마을회관 뒤편에 한 채 있다. 그곳에도 아무런 표지석이 없다. 돌아 나와 조금 더 올라가니 갈림길에 '郎中公(낭중공)'이란 조그마한 표지석이 보인다. 왼쪽으로 올라갔지만 낭중공 단소는 나오지 않고 큰 연못만이 있을 뿐이다. 다시 돌아 나와 오른쪽으로 걸어 들어가니 복사꽃이 흐드러지게 피어 있다. 산에는 오래된 소나무들이 우뚝 서서 오고가는 길손을 보고 있고, 대나무 숲에는 봄바람에 흔들리는 대나무들이 춤을 추며 서걱 서걱 소리를 낸다.

갈림길에서 한참을 걸어 들어가니 '安東 權氏 郞中公壇所 入口 (안동 권씨 낭중공단소 입구)' 표지석이 보인다. 이제 제대로 찾은 모양이라 생각하고 비포장 길을 따라 올라갔다. 한참을 올라간 후에야 구룡산 중턱에 있는 단소가 보인다. 꼬불꼬불한 길을 따라 산을 오르기 시작하니 숨이 턱까지 차오른다. 조상의 흔적을 찾아가는 길이 이처럼 힘들 줄이야! 10여 분을 산길을 오른 후에야 낭중공단소에 다다랐다. 입구에는 화강암으로 된 담장과 그 앞의 오래된 배롱나무 두 그루가 반갑게 맞이한다. 단소는 사각형 화강암으로 되어 있고 단소를 'ㄷ'자 모양의 화강암으로 사방을 둘러놓았다.

△ 낭중공 단소

단소 오른쪽 옆에는 '高麗郞中安東權公諱仁幸之壇 婦人陽川許氏 夫(고려낭중안동권공휘인행지단 부인양천허씨 부)'가 쓰인 비가 있다. 단소 앞에는 상석과 장명등이, 왼쪽과 오른쪽에는 작은 문인석과 조금 큰 문인석, 망주석이 각각 한 개씩 조성되어 있다. 오래된 작은 문인석은 나의 눈에는 꼭 무인석처럼 보였다. 단소 중앙에서 대리석

계단을 내려오니 '壇所重修記(단소중수기)'가 새겨져 있다.

권인행(權仁幸)은 안동 권씨 시조인 권행의 하나뿐인 아들이다. 그렇기 때문에 모든 안동 권씨가 그의 후손이 되며, 아시조(亞始祖, 2세조)라고도 부른다. 그러나 그가 태어나고 돌아간 연대를 알지 못한다. 권인행의 아내는 공암 촌주(孔巖村主) 허선문(許宣文, 양천 허씨 시조)의 딸인 양천 허씨(陽川 許氏)이다.

이곳에 권인행의 단소와 봉암재사를 마련한 이유가 있었다. 청도 정자동에 권능(權陵)이라 전해오는 무덤이 있었는데 후손들이 묘소를 찾지 못해 안타깝게 지내오다가 권인행의 장인이 공암촌주를 지냈으므로 전해져 내려오는 권능(權陵)을 권인행의 묘로 추정하였다. 그러나 확실하지 않으므로 무덤아래 단을 쌓고 해마다 제사를 올렸으며 그것은 예(禮)에 어긋나지 않기 때문에 그렇게 행하였다고 한다.

무덤이 없는 곳에 단소를 쌓고 재사를 건축하는 것은 요즘의 시각에서 보면 어처구니없다는 생각이 들겠지만, 조상의 은덕과 은혜에 감사를 드리는 마음은 예전이나 지금이나 같지 않을까 생각해 본다.

4. 운곡서원(雲谷書院)과 수령 300년 된 은행나무

포항에서 강동면을 지나 차로 20여 분을 달리니 운곡서원 표지판이 나왔다. 운곡서원 주차장에 도착하니 때 이른 피서객들이 고기를 구워먹고 있다. 운곡서원(雲谷書院)이라고 했는데 구름골짜기라서 그런가? 벌써부터 계곡으로 피서를 왔나 보다.

주차장에 주차를 하고 운곡서원 계단 길을 오르니 운치가 제법 있다.

매화나무로 둘러싸인 계단을 오르니 비석이 보인다. 비석을 보고 나와 운곡서원 돌담을 휘돌아가니 운곡서원의 외삼문이 나온다. 어느 서원의 입구와 같이 동문, 중문, 서문의 삼문으로 되어있다. 현판을 올려다보니 '晛心門'(견심문)'이란 글자가 쓰여 있다. 마음을 보는 문이라는 뜻인가?

그런데 문이 굳게 잠겨 있다. 발돋움질을 하며 내부를 바라보니 일반적인 서원과 비슷하다. 아쉬운 마음에 안내판을 읽어 보았다.

△ 운곡서원으로 올라가는 계단

운곡서원(雲谷書院)
경북 경주시 강동면 왕신리 310번지

운곡서원은 조선 정조 8년(1784) 역내의 후손들이 이곳에 추원사를 세우고 안동 권씨 시조 고려태사 권행 선생을 봉향하고 죽림 권산해, 귀봉 권덕린공을 배향하는 곳으로 고종 5년(1868) 대원군 금령에 의하여 훼철되었다.

광무 칠년에(1903) 다시 설단하여 제향을 해오다 1976년에 중건하여 향의에 의하여 운곡서원으로 개액했다.

▽ 운곡서원 정문인 견심문

△ 운곡서원

경내에는 경덕사를 비롯, 정의당, 돈교재, 잠심재, 견심문, 유연정 등이 있다.

안내판을 뒤로하고 운곡서원을 지나니 멀리에서나 한눈에 들어올 것 같이 큰 은행나무가 보인다. 눈대중으로 대충 어른 4~5명이 서로 손을 마주 잡아야 한 바퀴 돌 수 있을 것 같다. 가까이 가니 은행나무 앞에 제단이 놓여있다.

제단에는 무엇을 기원하는지는 알 수 없지만 탁주 한잔, 이름을 알 수 없는 인형, 수북한 동전 그릇이 있다. 가끔씩 찾아오는 사람 중에 소원을

△ 은행나무와 유연정

비는 사람이 있는가 보다. 잠시 은행나무 아래 벤치에 앉아 있자니 모든 잡념이 없어지고 은행나무가 들려주는 바람소리, 새소리가 들려온다.

은행나무는 11월초경에 노란 단풍이 절정을 이루는데 그 모양새가 마치 천상의 모습을 연상케 한다고 한다. 이때쯤에 신혼부부의 웨딩촬영장으로도 인기라고 한다.

은행나무 옆에는 유연정(悠然亭)이라는 정자가 있다. 은행나무 옆에 있는 안내판을 보았다.

▽ 은행나무 앞 탁주 한 사발

안동 권씨 57

경주 유연정(慶州 悠然亭)
경상북도 문화재자료 제345호
경북 경주시 강동면 왕신리 317

이 정자는 안동 권씨(安東 權氏)의 시조인 고려태사(高麗太師) 권행(權行)과 죽림(竹林) 권산해(權山海), 구봉(龜峰) 권덕린(權德麟) 등을 모시기 위해 세워진 운곡서원(雲谷書院)에 딸린 건물이다.

이 정자는 순조(純祖) 11년(1811) 도연명(陶淵明)의 자연사상을 본받기 위해 자연경관이 빼어난 계곡 위에 세웠다고 한다.

건물은 앞면 3칸 옆면 2칸 규모로, 지붕은 옆에서 보면 '여덟 팔(八)'자 모양인 팔작지붕으로 꾸몄다. 왼쪽 칸은 마루로 하였고 가운데 칸은 온돌방이며 오른쪽 칸도 온돌방으로 하였다. 가운데와 오른쪽 칸 앞에는 반 칸 크기로 마루를 깔았다.

외부의 기둥은 둥근 기둥을 사용하였고 기둥 위에는 초익공(初翼工)을 장식하였다. 가운데 칸 대청의 천장은 서까래가 보이지 않게 우물천장으로 하였는데, 그 양쪽에는 반원형의 판재를 45도로 끼워 매우 특이한 모습으로 되어 있다.

운곡서원이 세워진 이곳은 원래 신라시대에 창건되었던 밀곡사(密谷寺) 터이다.

유연정은 운곡서원에서 계곡 쪽으로 50m 정도 떨어진 용추대(龍湫臺) 위에 세워진 정자이다. 한가할 유, 그럴 연, 자연의 한가함과 여유로움을 즐긴다는 뜻인 것 같다. 문이 열려 있어서 들어가니 정면 3칸, 측면 2칸의 아담한 모습의 정자가 우리를 맞는다. 대청의 대들보를 볼 필요가 있다고 하여 올려다보니 들었던 대로 우물반자가 있다. 이것은 1800년대 초기의 건축수법을 잘

나타낸다고 한다.

도연명의 자연사상을 본받고자 지었다고 하는데 과연 운치가 있다. 바로 앞의 나무 사이로 좁은 아스팔트길이 보이지만 인기척은 느껴지지 않고 다만 새소리만 간간이 들린다. 이곳에서 책을 읽고 시를 읊으면 신선이 따로 없을 것 같다. 마치 조선양반의 풍류가 느껴지는 것 같다.

△ 유연정

유연정 앞에는 향정원이 자리잡고 있다. 향정원은 텔레비전 프로그램의 맛자랑까지 나온 곳으로 자연식품을 만든다고 현수막을 걸어 놓았다. 향정원은 마치 향토방처럼 차린 집과 조그마한 화단으로 예쁘게 꾸며져 있다. 직접 이 곳에서 만든 된

▽ 향정원 앞 장독대

장, 고추장, 감식초 등을 파는 곳이라고 한다. 토요일 오전이라 그런지 문은 굳게 잠겨 있다. 할 수 없이 향정원 뜰 이곳저곳을 둘러보았다. 기와조각을 쌓아 화단을 만들어 놓고 가지가지 들꽃 사이에 솟대도 꽂아 놓았다. 화단 옆에는 장을 담가 놓은 장독이 줄지어 놓여 있다.

　유연정을 보고 내려오는 길에 다람쥐 한 마리가 친구하자며 따라오더니 어느새 산으로 들어갔는지 보이지 않는다.
　내려오는 길에 운곡서원 옆 한옥 집에 들러 운곡서원을 볼 수 없느냐고 하니 식당에 물어 보라고 한다. 처음 올라온 계단을 다시 내려와 한옥 집 옆 식당에 들렀다. 주인아주머니께 이야기 하니 열쇠 꾸러미를 주신다. 다시 한옥 집을 지나 운곡서원 좁은 문으로 들어가 보았다.
　외삼문의 뒷문이 보이고 유생들이 수학하며 거처하던 동재·서재는 3칸이다. 강당(講堂)으로 쓰였던 5칸짜리 정의당(正懿堂) 위에는 雲谷書院(운곡서원)이란 현판이 걸려 있다. 규모가 작은 서원이지만 갖출 것은 다 갖추어져 있다. 정의당 마루에 앉아 있으니 한적하여서 좋고, 멋스러운 곳에 날씨까지 좋으니 마음까지 여유로워진다. 중정당(中正堂)을 뒤로 하고 시조 권행, 권산해, 권덕린의 위패가 모셔져 있는 경덕사(景德祠)로 가 보았다. 내삼문이 잠겨 있어 목을 빼어서 볼 수밖에 없다.

　열쇠 꾸러미를 식당 주인에게 돌려주러 가서 막국수 한 그릇

먹고 주차장으로 내려오니 보지 못한 차들이 많이 세워져 있다. 주차장 옆 계곡에는 이곳저곳 텐트도 쳐 놓았다. 벌써 이렇게 모여 드는데 여름철이면 얼마나 많은 사람들이 올까? 고요함을 사랑하는 이곳이 몸살을 앓지 않을까 걱정이 된다. 그때도 따라오던 다람쥐의 모습을 찾을 수 있을지 모르겠다.

△ 권행, 권산해, 권덕린의 위패가 모셔져 있는 경덕사

5. 권율(權慄)장군과 행주산성(幸州山城)

임진왜란 때 행주대첩을 승리로 이끈 명장, 권율장군. 아이들과 함께 자랑스러운 조상의 용감한 기상을 배우러 행주산성에 가보기로 했다. 누구보다도 전략을 세우는 게임을 좋아하는 큰아들이 눈을 반짝거리며 좋아한다.

행주대교를 지나 오른쪽으로 꼬불꼬불한 골목길을 얼마쯤 지나니, 행주산성 입구 주차장이 나온다. 행주산성 입구의 삼문 건물의 현판이 한글로 '대첩문'이다. 아마 '행주대첩'이란 말에서 따온 듯하다. 삼문 오른쪽에 행주산성 안내도와 안내판이 있다. 먼저 쪼르르 달려가는 사람이 큰아들이다.

행주산성(幸州山城)
사적 제56호
경기도 고양시 덕양구 행주내동 산 26

　행주산성은 덕양산(해발124.9m) 정상을 중심으로 능선을 따라 흙으로 쌓은 토성(土城)으로 전체 둘레는 약 1km이다.
　산성의 남쪽은 한강에 맞닿아 있고, 동남쪽으로는 창릉천(昌陵川)이 산성을 돌아 한강으로 유입되며, 산성의 동남쪽과 남쪽 일대는 경사가 매우 급하여 자연적인 요새지(要塞地)로서의 지형을 갖추고 있다.
　산성은 정상부를 에워싼 소규모의 내성(內城)과, 북쪽으로 전개된 작은 골짜기를 에워싼 외성(外城)의 이중구조이며, 서울대학교 학술조사단에 의한 발굴조사 결과 통일신라시대에 쌓은 성으로 밝혀졌다.
　이 산성은 임진왜란 3대첩의 하나인 행주대첩(1593)의 현장으로 유명하며, 산성의 정상에는 선조 36년(1603)에 세운 대첩비(大捷碑)가 있다.

　안내판 옆에 있는 매표소에서 표를 사서 대첩문을 들어서니 권율장군의 동상이 한 눈에 들어온다. 갑옷을 입고 서 있는 모습이 근엄해 보인다.
　장군의 동상 뒤쪽에는 둥글게 쳐진 병풍석에 이곳 행주산성 싸움의 주인공들에 대한 이야기가 조각으로 만들어져 장식을 하고 있다. 그리고 옆에는 간단한 설명이 적혀 있다.

　'임진왜란이 일어난 다음해인 1593년(선조 26년) 1월, 우리 군과 명군은 반격을 펼쳐서 북상했던 왜군을 격퇴하여 서울로

퇴각시켰다. 그러나 왜군은 1월 27일 벽제관 싸움에서 명군을 이기자 다시 사기가 올랐다.

전라도순찰사 권율장군은 이미 1592년 11월부터 5천의 군대를 이끌고 수원 독산성에 진을 친 뒤 서울에 머물고 있는 왜군을 후방에서 위협하다가, 조방장 조경, 승군장 처영과 함께 2천 3백의 정예군을 이끌고 행주산성으로 옮겨 목책을 세워 요새화하고 남하하는 우리 군과 합세하여 서울을 수복하려고 하였다.

▽ 권율장군 동상

1593년 2월 12일 새벽, 서울에 집결해 있던 왜군이 벽제관 승리의 여세를 몰아 3만의 대군을 7대로 나누어 행주산성을 총공격하였다. 인해전술로 물밀듯이 공격하여 선봉대를 교대로 투입하는 왜군을, 우리 군은 권율장군의 지휘하에 유리한 지형을 이용하면서 격전을 벌였다.

우리 군은 수차의 왜군 공격을 모두 격퇴하였고, 왜군은 헤아릴 수 없는 많은 사상자를 내게 되자, 시체를 네 곳에 쌓아 불태우고 오후 5시경 퇴주 하였다. 임진왜란 삼대첩의 하나인 이 행주대첩은 관군, 의병, 승군, 부녀자의 총력전으로서 임진왜란의 전세를 뒤엎는데 결정적인 계기가 되었으며 우리나라 대외 항전사에 길이 빛나고 있다.'

설명 옆 병풍석에는 활, 칼, 장검을 들고 징을

△ 충장사 가는 길

치며 진군하는 우리나라 관군의 모습, 용감히 싸우는 의병들의 전투 모습, 승병들의 싸움 모습, 행주치마에 돌을 나르는 부녀자들의 모습들이 4개의 부도에 새겨져 있다. 부녀자들은 직접 전투를 하지 않았지만 관군과 의병, 승병들의 뒤에서 지원하는 역할을 했다. 특히 그것이 행주대첩에 큰 역할을 했기 때문에 전쟁이 끝난 후에 성 이름도 '행주산성'으로 되었다고 한다.

권율장군의 동상에 새겨진 내용을 자세히 읽어보고 산길을 걸어 오르니 그 옛날 이곳에서 용감히 싸운 그분들의 함성이 들리는 듯하다.

얼마 가지 않아 권율장군의 영정을 모신 충장사(忠莊祠)가 나온다.

충장사 앞에는 행주대첩비가 있다. 이 비는 선조 때 행주나루터에 세웠으나 풍화작용으로 훼손되어 헌종 11년(1845)에 다시 제작하였고 1970년에 이곳으로 옮겨온 것이라고 한다.

충장사에 들어가는 문은 솟을삼문으로 되어 있고 그 오른쪽에는 충장사 안내판이 있다. 충장사 안내판을 읽어보니 충장사는 장군의 영정을 모신 사당으로 원래 행주 나루터에 있었는데 6.25전쟁 때 불타버려 1970년에 이곳에 다시 세운 것이라고 한다. 현판은 박정희 대통령이 썼고, 장군의 영정은 장우성화백의 그림이다.

솟을삼문을 들어서니 한글로 쓰여 있는 '충장사' 현판이 보인다. 사당은 6층으로 되어

△ 대첩기념관에서 문화유산 해설사와 두 아들

있는 돌계단 위에 있는데 사당으로 가려면 혼령이 드나드는 중앙계단이 아닌 일반 사람이 오르내리는 좌우 양쪽에 있는 계단으로 올라야만 한다. 왼쪽 계단을 오르니 권율장군의 영정과 영패가 모셔져 있다. 우리는 권율장군의 영정 앞에서 존경하는 마음을 담아 분향을 하였다.

충정사에서 다시 왔던 길을 되돌아 나와서 산을 조금 오르니, 한글로 쓰인 '대첩기념관' 현판이 보였다. '대첩기념관'은 임진왜란 당시 무기고와 군량창고가 있던 자리에 1980년에 세운 것으로 행주대첩 당시에 쓰였던 각종 무기, 독산성의 전투도, 행주대첩 기록도 등이 전시되어 있다.

문화유산해설사에게 부탁하여 자세한 설명을

들을 수 있었다. 특히 문화유산해설사가 이야기해 준 권율장군의 독산성 전투는 우리가 잘 알지 못하던 전투라서 귀를 세워 들었다.

독산성 전투는 행주산성에서 벌인 전투 바로 전에 일어난 전투다. 만약 독산성 전투에서 패배했다면 행주대첩도 있을 수 없었을 것이다. 권율장군이 군사를 거느리고 독산성에 웅거할 때 왜장 가등청정은 수원으로 오는 보급선이 차단될 것을 우려하여 독산성을 치기로 마음먹었다. 가등청정이 독산성을 치기 위해 독산성을 바라보니 산성이 바위뿐이라 물이 없다고 판단하고 군사를 뒤로 물리고 조선군의 물과 양식이 떨어질 때까지 기다렸다. 그리고 부하 하나를 시켜 물동이 하나를 산성 위로 올려 보내며 물이 없기에 시간 끌기를 할 필요가 없다는 협박까지 하였다.

이에 권율 장군은 말을 매어 놓고는 말 등에 쌀을 끼얹게 하였다. 멀리서 보면 마치 말에게 목욕을 시키는 것처럼 보이게 한 것이다.

군사를 후퇴시키고 성을 포위하며 조선군의 물이 떨어지기를 기다리던 왜장 가등청정은 이 모습을 보고 말을 목욕시킬 정도로 물이 많다면 승리를 거두기 어렵다는 것을 알고 결국 군사들에게 퇴각 명령을 내렸다. 왜군이 퇴각하는 기미를

△ 행주대첩비

보이자 군사를 이끌고 공격해 왜병 3천 명을 죽이고 크게 이겼으며 그 여세를 몰아 행주산성으로 이동하여 행주대첩의 승리를 일구어 낸 것이다.

위급한 상황에서도 현명한 전략을 짜낸 권율 장군의 지혜를 엿볼 수 있는 전투였다는 생각이 든다.

'대첩기념관'을 나와 다시 산길을 조금 오르니 한강과 행주대교가 눈앞에 있다. 오르막길이라고 헉헉거리던 가슴이 탁 틔는 것 같다. 잠시 덕양정에서 숨을 고르고 조금 더 오르니 대첩비각과 행주대첩비가 보인다. 대첩비각 속의 비석은 선조 35년(1602)에 권율장군의 휘하 장수가 세웠다고 한다. 오랜 세월 탓인지 글씨가 잘 보이지 않는다. 행주대첩비 위 정상에는 15.2m 높이의 대첩 탑이 하늘을 찌르며 웅장하게 서 있다.

정상에서 아래를 내려다보니 대첩비각과 덕양정 그리고 한강이 한눈에 들어온다. 행주산성은 다른 산성과는 달리 토성으로 지금은 나무숲이 조성되어 있지만 임진왜란 당시에는 몸을 숨길 나무 하나 없는 성이었다고 한다. 그런 곳에서 관군, 의병, 승병들이 힘을 합쳐 왜군을 격파시켰으니 정말로 대단한 것이다.

행주대첩비를 돌아가 보니 충의정이 있다. 수시로 영상자료를 상영하는데 사람들이 별로 없다. 하지만 임진왜란과 행주대첩, 권율장군의 생애에 관한 영상물을 볼 수 있었다.

우리 아이들은 지금 어떤 생각을 할까? 우리 조상 중의 한 분이 500년 전쯤에 이곳에서 우리 강토를 지키기 위해 치열하게 싸운 흔적을 되돌아보았다는데 나름대로의 의미를 두면 좋겠다.

6. 양촌 권근삼대묘소 및 신도비(陽村 權近三代墓所 및 神道碑)

충북 음성군 생극면 소재지에서 한 10분쯤 들어가니, 오른쪽으로 방축리 들어가는 입구가 보인다. 옆으로 '安東 權氏 陽村 先生 墓所 入口(안동 권씨 양촌 선생 묘소 입구)' 라는 팻말이 있다. 꼬불꼬불한 산모퉁이를 끼고 돌아 한 5분쯤 들어가니 사당과 재실이 나왔다. 먼저 우리를 맞이하는 것은 꼬리털이 복스러운 삽살개이다. 사람이 그리웠다는 듯 졸랑거리며 뛰어오더니 꼬리를 살랑살랑 흔든다. 두서너 채의 주택이 있지만 사람은 보이지 않는다.

먼저 재실을 둘러보았다. 솟을대문 위에 '追遠齋(추원재)' 라는 현판이 걸려 있고, 대문 기둥에는 '안동 권씨 문충공파종중'이라는 간판이 걸려 있다. 문은 열려 있지만 인기척은 느껴지지 않는다. 우리가 찾아올 줄 알았을까? 문을 들어서니 오른쪽에는 '陽村紀念館(양촌기념관)' 이라는 현판이 있다.

그곳에는 조선시대 지도와 권근이 아들에게 준 유훈 등이 전시되어 있다. 기념관이라고 하기에는 조금 부족해 보인다. 설명하는 글자도 너무 작아서 읽어보기도 쉽지 않다. 앞으로 많은 보완이 있어야겠다는 생각이 든다.

추원재는 사당 옆에 제사를 지낼 때 제수를 준비하거나 문중회의를 하기 위한 건물인데 'ㄱ'자가 두 개 합쳐져서 'ㅁ'자형의

△ 추원재와 양촌기념관

가옥구조를 하고 있었다.

추원재 오른쪽에는 권근, 권반, 권준의 사당이 있다. 이 사당은 일명 '부조묘'라고도 하는데, 국가에 특별한 공을 세웠거나 학적이 높아서 영원히 위패를 모시도록 나라에서 허락한 조상을 모신 불천위 사당이다.

사당 앞에는 권근이 지은 상대별곡비가 6각형으로 세워져 있다. 상대별곡은 사헌부의 위엄을 칭송한 경기체가 형식의 가요라고 한다. 상대별곡이 한글과 한자로 쓰여 있다. 그 옆에는 '권반의 묘정비'가 세워져 있다.

먼저 권근의 사당을 둘러보기로 했다. 권근 사

△ 천상열차분야지도와 권근 부조묘

당 앞에는 '天象列次分野地圖(천상열차분야지도)'가 대리석으로 세워져 있다. '천상열차분야지도'란 '하늘에 있는 모든 별을 12개의 분야로 펼친 그림'이라는 뜻이다. 동그란 우주 속에 별자리가 그려져 있고 아래위로 설명이 되어 있다. 현재 남아있는 가장 오래된 천문도라고 하니 뿌듯함은 배가 된다. 조선 태조 4년에 권근이 만든 천문도인데 진품은 국보 228호로 지정되어 있고, 이것은 종중에서 모형으로 만들어 세워 놓은 것이다.

두 그루의 배롱나무를 양쪽에 둔 계단을 올라 삼태극이 그려진 삼문을 들어서니 현판에 '文忠公不祧廟(문충공부조묘)'라고 쓰여 있다. 삼문에서 사당에 이르는 길인 신로는 중앙이 넓게 되어 있다. 정면 3칸으로 된 사당의 문을 살짝 열어보니 권근의 위패가 있는 신주(神主)가 있고 '천상열차분야지도'가 걸려 있다. 그 분은 지금, 지도 속의 어딘가에 있으면서 찾아오는 후손들을 지켜보겠지.

권근 부조묘를 나와 두 번째, 즉 중앙에 있는 사당을 둘러보기로 했다. 안양공(安襄公) 권반(權攀)의 위패를 모신 사당이다. 권반은 우찬성을 지낸 권제(權踶)의 셋째 아들로 계유정난 때 그의 형 권람(權擥)과 함께 참여하여 좌익공신(佐翼功臣) 2등에 책록 되었으며, 그 후에 경기관찰사, 형조참판, 공조참판, 한성부윤 등을 역임하고 화산

△ 문충공 부조묘

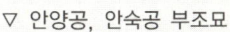
▽ 안양공, 안숙공 부조묘

군(花山君)에 봉해진 분이다.

권반의 사당으로 오르는 계단 옆에는 향나무 두 그루가 우리를 맞이한다. 사당으로 들어가는 삼문은 태극문양으로 장식되어 있지만 권근의 삼문과는 달리 중앙에 있는 신문(神門)보다 양쪽 문이 조금 작다. 그래서 솟을대문 형식의 문으로 보인다. 문을 들어서니 정면 3칸의 팔작지붕으로 된 건물이 있다. 권근 부조묘보다 조금 작은 규모이다. 위에 '安襄公不祧廟(안양공부조묘)'라고 쓰여 있다.

권반은 부산 해운대 일출을 보며 지은 시가 있는데 그 내용은 다음과 같다.

　　海雲臺
　　波恬鏡面淨無風 파념경면정무풍
　　/거울처럼 깨끗한 물결 바람 한 점 없고,
　　坐見扶桑日浴紅 좌견부상일욕홍
　　/앉은 채로 부상 바다 붉은 해를 바라본다.
　　馬島如眉靑一抹 마도여미청일말
　　/대마도 눈썹인 양 푸른 점 하나 긋고
　　乾坤納納入胸中 건곤납납입흉중
　　/건곤은 가득하게 가슴속에 드는구나.

맨 끝 건물은 안숙공(安肅公) 권준의 부조묘이다. 권준은 양촌 권근의 넷째 아들로 세조 때 한성판윤과 호조판서를 지냈고 안천군에 봉해졌다. 부조묘의 정문은 일자로 된 삼문으로 되어 있다.
문을 들어서니 '安肅公不祧廟(안숙공부조묘)'라고 쓰여 있다.

건물은 정면 3칸으로 되어 있는데 건물 안에는 탑상(榻床)과 주독(신주를 모시어 두는 나무 궤), 향안(향로를 받치는 상)이 있고, 그 옆에는 한자로 쓰인 비문 글자를 탁본한 것이 두 점 걸려 있다.

권준의 사당을 나와 좁은 산길을 따라가니 '忠犬墓(충견묘)'가 있었다. 충견묘는 권람(權擥)을 따르던 개가 한때 권람을 사지에서 살려내고 권람이 죽자 따라 죽은 충견의 무덤이다. 전래동화로 익히 알고 있던 그 충견의 이야기다.

권람이 좌의정에서 물러나 남산 아래 머물던 어느 화창한 봄날의 일이다. 친지의 초청으로 상춘연에 다녀오다가 길섶에서 잠이 들고 말았다. 그때 어디선가 산불이 일어나 번져왔는데 권람은 잠에 취해 일어날 줄을 몰랐다. 그러자 따르던 개가 냇가로 달려가 털을 적셔 주인의 주변을 적시기를 반복하여 마침내 불길로부터 주인을 구했다.

△△ 탑상과 주독

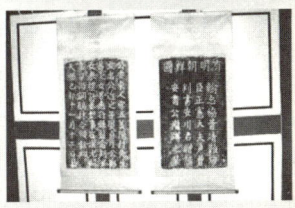

△ 탁본되어 걸려있는 비문

충견묘에서 고개를 드니 양촌 권근 삼대묘소가 바로 보였다. 충견은 죽어서도 주인의 무덤을 바라보고 있었던 것이다. 충견묘를 지나 삼대묘소와 신도비가 있는 쪽으로 발길을 돌렸다. 삼대묘소 앞에는 안내판이 있었다.

양촌 권근 3대묘소 · 신도비(陽村 權近 三代墓所 · 神道碑)
충청북도 기념물 제32호
충북 음성군 생극면 방축리 능안

이곳에는 양촌 권근(權近)과 그 아들 권제(權踶), 손자 권람(權擥)의 묘가 위로부터 차례로 조성되어 있어 3대묘소라고 한다. 권근의 묘소는 본래 경기도 광주에 있었던 것을 조선 세종 22년(1440)에 이곳으로 이장한 것이다. 이 묘소의 우측 계곡에는 차례로 세 분의 신도비가 있다.

권근(1352~1409)은 고려말~조선초의 문신이며 학자이다. 자는 가원. 호는 양촌이며, 본관은 안동이다. 고려 공민왕 17년(1386)에 문과에 급제하여 여러 관직을 지내다가, 고려 창왕 1년(1389)에 명나라에서 가져온 예부의 자문(咨文)이 화근이 되어 귀양살이를 하였다. 고려 공양왕 2년(1390)에 이초(彝初)의 옥사에 연루되어 한때 청주 감옥에 갇혔다가, 풀려 나와 충주의 양촌에 살던 중 조선의 개국을 맞게 되었다. 조선 태조 2년(1393)에 기용되었고, 왕자의 난에 공을 세워 조선 태종 1년(1401)에 좌명공신(佐命功臣) 1등으로 길창부원군(吉昌府院君)에 봉해지고 의정부 찬성사(議政府 贊成事)에 이르렀다. 좌의정에 추증되었고, 시호는 문충(文忠)이다.

권제(1387~1445)는 문신이며 학자이다. 권근의 2남으로 자는 중의(仲義) 호는 지재(止齋)이다. 조선 태종 14년(1414)에 문과에 급제한 후, 세종 초에 집현전 부제학을 거쳐 우찬성에 이르렀다. 영의정에 추증되었고, 시호는 문경이다.

권람(1416~1465)은 문신으로, 권근의 손자이며 권제의 2남이다. 자는 정경(正卿), 호는 소한당(所閑堂)이다. 문종 즉위년(1450)에 문과에 급제하고, 수양대군(세조)을 도와 정난공신(靖難功臣) 1등으로 벼슬이 올라, 조선 세조 8년(1462)에 좌의정에

이르렀다. 세조묘에 배향되었고, 시호는 익평(翼平)이다.

먼저 권근, 권제, 권람의 신도비각이 있는 곳으로 가 보았다. 가는 길 오른쪽에는 작은 저수지가 있다. 이 저수지는 용이 머물 수 있도록 만들어진 것이라고 한다. 저수지를 따라 조금 더 들어가니 삼대 신도비각이 있다.

신도비각은 길가에 세운 돌비인 신도비를 보호하기 위하여 세운 비각을 말하는데, 보통 묘소와 재실의 입구 가까운 산기슭에 세워져 신성한 선조의 묘 구역임을 묵시적으로 알게 해주는 한편 선조의 평생사적을 기록하여 공덕을 알게 해주는 것이다.

먼저 권근의 신도비각으로 갔는데 신도비각 위

▽ 권근, 권제, 권람의 신도비각

에는 '文忠公神道碑閣(문충공신도비각)'이라는 현판이 있다. 그 안에 있는 비석은 거대하기가 이루 말할 수 없다. 이 비는 사육신의 한사람인 이개(李塏)가 글을 지었고, 권근의 외손자이며 대제학과 육조판서를 두루 거친 서거정(徐居正)이 썼다고 한다. 내용은 신도비를 세우게 된 경위 및 과정과 안동 권씨의 세계, 권근이 걸어온 관직의 이력과 후손의 이력이 쓰여 있다고 한다. 그런데 글자는 잘 보이지 않는다. 신도비각은 정면 3칸, 측면 2칸의 겹처마 팔작지붕으로 되어 있으며 홍살을 설치하여 사면이 개방된 형식이다. 신도비각 오른쪽에는 팔각주의 묘지석과 일자형의 묘지석이 있다.

권근의 신도비각 아래로는 권제의 신도비각인 '文景公神道碑閣(문경공신도비각)'과 권람의 신도비각인 '翼平公神道碑閣(익평공신도비각)'이 나란히 배치되어 있다. 권제의 신도비는 최근에 다시 만들어 놓아 글자가 모두 보인다. 권람 신도비는 권근의 신도비와 같은 모습으로 글자는 보이지 않는다. 권람 신도비는 세조 때 영의정을 지낸 신숙주(申叔舟)가 글을 지었고 권람의 동생인 권반(權攀)이 썼다고 한다. 비각의 형태는 모두 비슷하다.

△ 문충공 신도비각

권근 삼대의 신도비각을 나와 묘소 오른쪽에 위치한 안숙공 권반의 신도비각으로 가보았다. 밭길 따라 한참 올라가니 볼 수 있다. 권반의 신도비각은 삼대비각 보다는 규모가 조금 작은 비각이다.

 안숙공 신도비각을 나와 삼대묘소로 올라가 보았다. '권근 삼대묘'가 있는 방축리 지명은 '놓을 放(방)자'에 '소 丑(축)자'를 쓰는데, 소를 놓아먹이는 곳이란 의미란다. 소가 일을 마치고 실컷 풀을 뜯고 난 뒤 쉬는 모양이라서 명당이라고들 한다. 풍수지리를 잘 모르는 사람이 보아도 편안한 자리라는 것을 느낄 수 있을 것 같다.

 권근 삼대묘는 양촌 권근과 그의 아들 권제, 그의 손자 권람 3대가 묻혀있는 곳이다. 처음 있는 묘가 권람의 묘이다. 그 위로 권제 그리고 권근의 묘이다.

 권람의 묘 앞 양쪽에는 거대한 문인석이 양쪽에 떡 버티고 있다. 그리고 묘소는 호석을 전체로 두르지 않고 앞부분에만 특이하게 조성되어 있다. 하나의 상석에

△ 권람의 묘

두 개의 비석이 나란히 세워져 있다. 비석에는 정난공신, 좌익공신에 봉해진 것과 벼슬이 좌의정까지 올랐다는 것, 시호는 익평공이란 내용이 쓰여 있고 뒷면에는 맏사위가 세조 때 병조판서를 한 남이장군이라는 것과 둘째 사위가 김수형이라는 내용이 적혀 있다. 상석 앞에 있는 장명등은 세월의 이끼를 머금은 채 바로 앞 방축저수지를 비추고 있다.

권람의 묘 위에는 그의 아버지인 권제(權蹲)의 묘가 자리잡고 있다. 원형 봉분에 2층으로 호석을 둘렀다. 그리고 비석 한 개와 그 앞에 상석이 하나 놓여 있다. 또한 장명등을 가운데 두고 거대한 문인석이 두 개가 마주보고 서 있다. 권제는 권근의 차남으로 벼슬은 우찬성에 이르렀고, 고려사와 용비어천가를 지었다.

권제의 묘 위에는 그의 아버지인 권근의 묘가 있다. 권근의 묘는 권제의 묘와 양식이 같다. 다만 문인석이 양쪽에 두 개씩 서 있고, 상석과 비석이 2개씩 있다. 비석에는 '朝鮮國佐

△ 권제의 묘

命功臣議政府贊成 事諡文忠公 陽村權近之墓(조선국좌명공신 의정부찬성 사시문충공양촌권근지묘)'가 쓰여 있다. 묘역 오른쪽에는 새롭게 세워진 '양촌선생 연보 및 연혁비'가 서 있다. 권근(1352년~1409년)은 고려 말 조선 초의 학자로 대제학, 대사성 등을 역임하고 길창부원군에 봉해졌으며 『동국사략』을 지었다.

△ 권근의 묘

권근 묘에는 전해오는 유명한 전설이 하나 있다.

권근이 58세로 죽자 처음에는 경기도 광주에 안장하였다가 당시 한양에서 유명한 지관의 소개로 31년 후인 세종 22년(1440년)에 지금의 장소로 이장하였다. 이장 당시 상주는 좌찬성을 지낸 아들 권제와 좌의정을 지낸 손자 권람이었다. 상주가 권세가 높다 보니, 지방 수령과 현감 등 벼슬아치를 비롯해서 권근 문하의 수많은 유생들이 이장 행렬에 참가하여 인산인해를 이루었다.

지관의 지시에 따라 권근의 유골을 안장할 광중을 파자 사람들 사이를 뚫고 한 동자 승이

손에 바가지를 들고 나타나 "지금 파는 땅에 물이 나오면 물 한 바가지만 얻어 가자"고 하는 것이었다. 상주를 비롯해서 주변 사람들이 깜짝 놀라 "감히 어느 앞인데 광중에 물이 나온다고 물을 얻으러 왔느냐"고 호통을 쳤다. 그러자 동자승은 태연하게 "저의 스승님께서 그러시는데 아마 조금 있으면 물이 펑펑 솟아 날 것이니 그때 물을 얻어 오라는 분부가 있었습니다."라고 대답하면서 길 건너편 나무 밑에 앉아있는 노승을 가리켰다.

화가 난 상주와 유생들은 곧 노승을 붙들어 끌고 왔다. 상주인 좌찬성 권제가 서슬 퍼렇게 물었다. "노승은 광중에 물이 난다고 요상하게 말을 하여 우리 자손들을 불효 막급하게 하려 하오!" 그러자 노승은 태연자약하게 대답하였다. "길을 가다가 갈증이 심하던 차에 땅을 파는 사람들을 보았습니다. 산세와 혈맥을 보니 틀림없이 물이 나올 자리이므로 소승은 우물을 파는 줄 알고 물을 얻으러 보낸 것입니다." 주변 사람들은 기가 막힐 일이었다. 대 혈지에 물이 나온다니 아마도 실성한 중이라고 수근거렸다.

그런데 갑자기 광중에서 수맥이 터지면서 물이 펑펑 솟는 것이었다. 모두들 대경실색을 하고 소란이 일어났다. 권제는 노승에게 정중히 사과하고 자문을 요청하였다. "대사께서 광중에 수맥이 있음을 알고 있으면 그 대책도 아실 수 있을 것 아닙니까? 부디 불효를 면할 수 있도록 방법을 말씀해 주십시오." 노승은 앞에 있는 산을 가리키며 "이 자리의 혈은 저 앞에 있는 수리산에서 내려온 용맥으로 수맥 또한 같이 이어진 것이니 산 정상에 우물을 파면 물길이 끊겨 물이 나지 않을 것이요."라고 하며 부적을 하나 써주면서 "먼저 이 부적을 묻고 장사를 지내라"고 일러주고 홀연히 사라졌다. 곧 인부들이 수리산 정상에 달려가 우물을 파자 노승이 써준 부적이 나왔다고 하며 노승의 말대로 수

△ 권근의 묘에서 바라본 저수지

맥이 차단되어 더 이상 광중에는 물이 나지 않았다고 한다.

삼대묘는 가까이에서 보니 멀리에서 보는 것보다 훨씬 더 웅장하고 거대하다. 묘소만 보아도 그 당시의 권세를 짐작 할 만하다.

묘소 앞에는 아담한 저수지가 물을 담고 있고 그 너머에는 물을 가두어 둔 논이 모를 기다리고 있다. 주변 경치가 참 평화로워 보인다. 잘 관리된 잔디에 앉아서 500여 년 전의 역사를 둘러보고 있으니 조선시대의 어디쯤 있는 기분이 든다. 또 많은 생각을 했다. 우리에게 3대에 걸쳐서 이렇게 훌륭한 벼슬을 한 조상이 있었다니 얼마나 자랑스러운 일인가? 요즘같이 6개월을 못 지키는 장관 수명을 생각할 때 권근 삼대는 정말 대단한 분들이었다는 생각이 든다.

7. 권보(權溥)와 도통사(道統祠)

도통사는 권근 삼대묘와 신도비각 사이에 있다. 먼저 홍살문이 우리를 맞이한다.

도통사 오른쪽에는 '道統祠復元重建事蹟碑(도통사복원중건사적비)'가 우람하게 서 있다. 일직선으로 된 외삼문으로 들어가야 하는데 문이 잠겨 있어서 들어갈 수가 없다. 다행히 담이 낮아서

▽ 도통사 입구에 있는 홍살문

△ 3성 9현을 배향하는 도통사

그런대로 까치발을 하고 내부를 둘러볼 수 있었다. 안에는 솟을삼문 형식의 내삼문이 있다. 외삼문에는 아래에는 파란색, 위에는 빨간색의 태극문양이 그려져 있는데 내삼문에는 아래쪽에는 흰색, 위에는 파란색의 태극문양이 그려져 있다. 어떤 의미를 가지는지 알 수가 없지만 내삼문과 외삼문의 차이를 보여준다. 내삼문을 지나면 본전 의사당까지 화강암으로 길을 만들어 놓았다. 본전의 사당 건물 중앙에 '道統祠(도통사)'라는 현판이 걸려 있다.

도통사 건물 안에는 공자(孔子), 주자(朱子), 안자(安子) 등 세 명의 성인(三聖)을 주벽으로 하고 권보(權溥), 우탁(禹倬), 백이정(白頤正), 이진

(李瑱), 이조년(李兆年), 신천(辛蕆), 추적(秋適), 안축(安軸), 안보(安輔) 등 9인의 성현(九賢)이 배향되어 있다고 한다.

도통사에 배향되어 있는 권보(權溥)는 일가구봉군(一家九封君)으로서 안동 권씨 가문의 자랑 중의 하나이다. 일가구봉군은 권보를 비롯하여 그의 자식인 5자3서 모두 봉군(封君)을 받고 공신(功臣)에 오른 것을 말한다.

권보 자신은 영가부원군(永嘉府院君), 큰아들 권준(權準, 길창부원군), 권종정(權宗頂, 광복군), 권고(權皐, 영가부원군), 권후(權煦, 계림부원대군), 권겸(權謙, 복안부원군) 다섯 명이 모두 봉군 되었고, 그의 사위 이제현(계림부원군), 왕숙(정순부원군), 왕순(회안대군) 세 명도 모두 봉군되었다. 또한 그가 80세 되던 해에 아손경시(兒孫慶詩)를 지었는데 그동안 벼슬한 자손이(入朝者) 60여 명이었다고 하니, 가문의 영예가 아닐 수 없다. 당대 9봉군(當代 九封君)은 우리나라 역사상 처음이요, 마지막이라고 한다.

권보는 고려 때 재상의 지위에 22년간 있으면서 자만한바 없고 사사(師事)한 것이 47년이라고 한다. 관직도 1품에 이르며 일가 복록도 고금을 통하여 드문 경우라 하여 사람들은 공이 덕을 쌓은 응보(應報)라 부러워하였으며 고려 공민왕 때 문하시중을 지낸 이제현(李齊賢)은 권보는 '온화하기 봄바람 같고 청공 같으며, 임금과 어버이 섬김이 깊었고 동료 간 화목하며 독서하기를 좋아하였다'고 평하였다.

도통사는 우리나라 유학을 발전시킨 큰 줄기를 만들었던 초기의 인물을 배향하기 위한 건물이다.

성리학의 본향인 송나라의 대표적 성리학자를 송조육현(宋朝六賢)이라고 부른다. 이는 주돈이, 정호, 정이, 장재, 소옹, 주희(주자)를 지칭한다. 우리나라에서는 안향의 문하에 이름난 여섯 학자를 육군자라고 해 추앙해 마지않았다. 육군자는 권보, 우탁, 이전, 이조년, 백이정, 신천 등을 일컫는다.

도통사는 도학(道學)의 법통(法統)을 받들어 모신 사당(祠堂)이다. 권보는 고려 말에 우리나라 성리학의 전래와 부흥발전에 안향, 이제현과 함께 주도적인 역할을 했던 분이다.

도통사를 둘러보고 나오니 우리 안동 권씨가 더욱 자랑스럽다는 생각이 든다. 이렇게 고려, 조선을 거치면서 수많은 정승판서와 공신들을 탄생케 된 원천은 권보로부터 시작된 고매한 인품과 해박한 학문에 있었던 것이 아닌가 한다.

8. 권상하(權尙夏)와 황강영당(黃江影堂)

황강영당은 월악산의 송계계곡 초입에 있다는 말을 듣고 길을 나섰다. 우리는 중부내륙고속도로 연풍IC에서 나와 월악산 국립공원방향으로 향했다. 만추계곡과 송계계곡 사이에는 벌써 많은 사람들이 북적인다. 형형색색의 옷을 입은 관광객들이 일찍 찾아온 더위를 식히려고 계곡으로 흘러내리는 맑은 물 위에 서 있다. 황강영당은 만추계곡과 송계리를 지나 충주호의 송계3교 바로 앞에 자리잡고 있었다.

넓은 주차장에 주차를 하고 황강영당을 바라보니 마음부터 편안해진다. 넉넉한 산의 품속에 안긴 예스러운 건물이 싱그럽게

△ 주차장에서 바라본 황강영당

나뭇잎을 펼치는 나무들, 빨간 철쭉꽃과 어우러져 한 폭의 그림처럼 아름답다. 입구 오른쪽에는 제법 오래된 은행나무 한 그루가 하늘을 향해 뻗어 있고 왼쪽에는 안내판이 있다.

황강영당 및 수암사(黃江影堂 및 遂庵詞)
충청북도 기념물 제18호
충북 제천시 한수면 송계리

황강영당은 영조 2년(1726년)에 세운 서원이다. 이듬해에 황강서원으로 사액되었다. 일명 한수재라고도 한다.

고종 8년(1871) 서원철폐령에 의해 송시열·권상하·한원진·권욱·윤봉구의 영정을 모시고 황강영당으로 개칭하였다.

구조는 정면 2칸, 측면 2칸의 팔작집으로 담장에 일각문이 있으며, 송시열이 쓴 '寒水齋'와 '黃江影堂'의 편액이 걸려 있다. 또한 정조 21년(1797)에 세운 황강서원 묘정비와 수암선생 구택지비가 있다.

수암사는 황강영당과 일각문을 사이에 두고 있는 권상하(1641~1721)의 사당이다. 정면 3칸 측면 2칸의 맞배집이다.

권상하는 조선후기의 학자로, 자는 치도, 호는 수암·한수재이며 본관은 안동이다. 송시열의 문하로, 송시열의 뜻에 따라 화양동에 만동묘와 대보단을 세우고 명나라 황제를 제향하였다.

본래 한수면 황강리에 있었으나 충주댐으로 인한 수몰지역임으로 1983년에 지금의 자리로 옮겨 복원한 것이다.

여러 층의 돌계단 위에는 삼태극 모양을 한 문이 있다. 황강영당으로 들어가는 문인데 자물쇠로 굳게 잠겨 있다. 어떻게 할까? 두리번거리다가 황강영당 오른쪽에 있는 집에 문의하니 권상하(權尙夏)의 후손 권성중 할아버지가 열쇠를 가지고 나와 친절히 안내해 주신다.

다소 위엄을 갖춘 듯한 돌계단을 따라 올라가니 출입문 양쪽에 나란히 뻗어있는, 황토와 돌로

△ 권상하의 조카인 권섭이 쓴 수암선생 구택지비

쌓은 담이 정겨움으로 다가온다. 문을 들어서니 오른쪽 담 가까이 작은 돌에 새겨진 '遂庵先生 舊宅之碑 (수암선생 구택지비)'가 눈에 들어왔다. 권성중 할아버지는 "권상하의 조카인 권섭(權燮)이 쓴 글씨이며 처음에는 권상하의 영정을 모신 사당 곁에 있었는데 충주댐이 건설되면서 황강리에서 이곳으로 옮겨 놓은 것"이라고 말씀해 주셨다.

수암선생 구택지비 옆에는 또 하나의 큰 비석이 있는데 상단에는 전서체로 '黃江書院廟庭碑 (황강서원묘정비)'라고 쓰여 있다. 이 비석은 정조 21년(1797)에 황강서원에 세워졌던 묘정비라고 한다.

비석을 뒤로 하고 황강영당으로 갔다. 황강영

▽ 손님을 접대하는 장소로 사용하였던 황강영당

당으로 출입할 수 있는 문은 앞과 옆에 두 개인데 옆문으로 들어갔다. 송시열(宋時烈)이 초서체로 썼다는 '黃江影堂(황강영당)'이라는 편액이 걸려 있다. 황강영당은 앞면 2칸 옆면 2칸 규모의 건물로, 지붕은 옆면에서 볼 때 여덟 팔(八)자 모양의 팔작지붕이다.

본 건물 문을 열고 들어서니 마루방에 『한수재집』, 『안동 권씨 화천군파세보』 등의 책이 꽂혀 있는 책장이 다소곳이 앉아 있다. 서재였으니 책이 있는 것은 당연한 이치리라. 하지만 세월을 뛰어넘어 지금까지 보관되고 있다는 것이 대단한 일이다.

마루방을 지나 방안에 들어갔다. 전면에는 옛 모습을 그대로 간직한 다섯 분(송시열, 권상하, 권욱, 한원진, 윤봉구)의 영정이 걸려 있다. 그 옆쪽 벽면에는 다섯 분의 영정보다 작은, 조그마한 영정 하나가 있는데, 이것은 권상하의 5대손으로 조선 헌종 때 우의정, 좌의정, 영의정을 두루 지낸 권돈인(權敦仁)의 영정이다. 분실의 우려 때문에 진본은 제천박물관에 보관하고 이곳에 있는

▽ 황강영당 안에 있는 다섯 분의 영정

△ 권상하가 거주하였던 한수재

것은 모두 사본이라고 한다. 영정조차 제자리에 있을 수 없는 현실이 안타깝다. 황강영당은 권상하가 생전에 서재 겸 손님을 접대하는 장소로 사용하였다.

황강영당 오른쪽에는 권상하가 거주하였던 한수재가 있다. 그는 숙종 1년 35세의 나이로 이곳에 들어와 죽을 때까지 44년을 살았다. 대청 위에는 '寒水齋(한수재)' 현판이 걸려 있다. 이 글씨는 스승인 송시열이 직접 내린 글로 '삼가 천년의 한결같은 마음, 가을달이 찬 물을 비추는 듯하네'라는 중국 주자(朱子)의 감흥시를 인용하여 초서체로 쓴 글이다. 지금말로 해석하면 '찬 강물의 달빛처럼 맑은 마음으로 살아가라'는 뜻일 것이다. 한수재 원래 현판은 분실을 우려해 따로 보관하고 있고 이 현판 또한 복사하여 걸어 놓은 것이다. 권상하는 평생을 살면서 스승 송시열이 내린 '한수'라는 말을 즐겨 썼는데, '한수'라는 지명도 여기에서 유래한 것이라고 한다.

한수재는 공자집(工字家) 형태로 수십 명이 일시에 거주할 수 있는 온돌방이 양쪽에 있고 그 중앙에 큰 마루가 있다. 工자로 만들어진 집은 처음 본 것이라 신기하다. 이곳에서는 권상하의 제자인 강문팔학사(江文八學士 : 한원진, 이간, 윤봉구, 채지홍, 이이근, 최징후, 현상벽, 성만징)가 길러졌다. 권상하는 조선시대 율곡 이이, 우암 송시열로 이어지는 기호학파의 학풍을 발전, 계승시킨 인물로 후대에 평가 받고 있다. 하지만 그보다 더 중요하게 평가해야 할 것이 높은 벼슬(우의정, 좌의

▽ 권상하를 봉향하는 사당인 수암사

정)의 관직을 주었지만 평생 초야에 묻혀 오직 후학을 기르며 학문을 탐구한 그의 생활 태도이다. 그것은 우리가 본받아야 할 조선의 선비 정신일 것이다.

황강영당과 한수재 뒤쪽 위에는 권상하를 봉향(奉享)하는 사당인 수암사(遂庵祠)가 있다. 수암사는 선조 7년에 창건하였고, 기와지붕에 전면 3칸 측면 2칸 맞배집으로 1975년 단청 보수하였다. '수암' 이라는 이름은 권상하가 황강으로 집을 옮기자 그의 스승인 송시열이 지어 주었다. '내 마음이 진실로 학문에 뜻을 두고 있으면 반드시 내 소원을 이루어준다' 는 설선(薛瑄)의 글에서 딴 것이라고 한다.

수암사로 가려면 여러 층의 돌계단을 올라야 한다. 계단에서 한수재를 보니 工자 모양이 확연하게 눈에 들어온다.

계단 위의 문을 들어서면 세 칸으로 된 수암사 사당이 있는데, 맨 왼쪽에 있는 방이 권상하의 위패가 봉안된 방이다. 방문을 열어 보니 권상하의 위패가 모셔져 있다. 권상하는 불천지위(不遷之位)로서 영구히 기제사를 지내고 있다고 한다. 불천지위는 나라에 큰 공훈이 있거나 도덕성과 학문이 높으신 분에 대해 신주를 땅에 묻지 않고 사당(祠堂)에 영구히 두면서 제사를 지내는 것이 허락된 신위(神位)를 말한다.

수암사의 오른쪽에는 정면 2칸, 측면 1칸의 맞배지붕의 작은 건물이 있다. '장판고' 라고 한다. 원래는 판각을 소장하고 있었지만 6.25사변 때 불타 없어져 지금은 창고 건물로 활용하고 있다.

수암사 장판각을 뒤로하고 밖으로 나왔다. 황강영당과 수암사는 잘 관리 되고 있는 유적 중의 하나라는 생각이 들어 뿌듯함이 가슴으로 밀려들어온다. 힘이 드실 텐데도 일일이 열쇠를 돌려 문을 열어주시고 친절하게 설명해 주신 권성중 할아버지께 고마움을 느끼며 아쉬운 발걸음을 옮겼다.

9. 권득기(權得己)와 권시(權諰)를 배향하는 도산서원(道山書院)

도산서원이 있는 대전시 탄방동은 과거 산에 참나무가 많고 숯을 굽는 숯방이 있었던 까닭으로 '숯뱅이(탄방동, 炭坊洞)'라는 이름에서 나온 것이라고 한다.

오늘 우리가 둘러볼 도산서원은 안동에 있는 퇴계 이황 선생의 '도산서원'과는 다른 서원이다. 대전의 도산서원은 만회(晩悔) 권득기(權得己)와 그의 다섯째 아들 탄옹(炭翁) 권시를 모신 곳으로 뒷날 선비들이 두 분의 학덕을 기리며 공부하던 곳이다. 도산서원이란 이름을 갖게 된 것은 권시의 제자와 학자들의 뜻으로 그가 가르치던 사당이 있었던 도산(道山) 기슭의 서당골에 서원을 세웠기 때문이다.

토요일 아침, 일찍 서둘렀지만 도산서원에 도착하니 10시가 다 되었다. 하지만 다행히 많이 헤매지 않아서 시간 안에 둘러볼 수 있을 것 같다. 토요일은 오전만 관람이 가능하다고 하니까.

도산서원의 정문은 굳게 닫혀 있다. 담 너머로 보이는 '道山書院(도산서원)'이라는 현판의 글자가 힘이 있어 보인다. 도산서원의 안내표지판을 보았다.

도산서원(道山書院)
문화재자료 제3호
대전광역시 서구 탄방동 233

△ 도산서원 현판

만회(晚悔) 권득기(權得己) 선생과 그의 아들인 탄옹(炭翁) 권시(權諰) 선생을 추모하기 위하여 1693년(숙종 19년) 유림(儒林)들이 세웠다. 서원에는 강당으로 사용한 명교당(明教堂), 유생들의 숙소인 지선재(止善齋), 시습재(時習齋)와 권득기, 권시 두 분을 모시는 함덕사(涵德祠)가 있다. 이 마을 뒷산을 도산이라 하여 도산서원이라 불리우며, 대원군의 서원 철폐령(1869)으로 헐리었다가 1968, 1973년 두 차례에 걸쳐 복원하였다.

▽ 학생들이 공부하던 장소인 명교당

안내원의 전화번호가 있어서 전화를 하였다. 조금 있으니 할아버지 한 분이 오셨다. 정문이 아닌 후문의 문을 열고 도산서원 안으로 들어갔다. 서원은 깨끗하게 관리되고 있었다. 복원된 지 오랜 세월이 흐른 것은 아니지만 건물이 무척 깨끗했고 뜰의 잔디도 깔끔하게 단장을 하고 있다. 문화재를 소중히 여기는 후손들의 정성을 보는 것 같아 마음이 숙연해진다.

먼저 학생들이 공부하던 장소인

명교당(明敎堂)을 보았다. '道山書院(도산서원)' 현판이 걸려 있는 곳이 바로 명교당이다. 명교당은 정면 5칸, 측면 2칸으로 평면을 구획한 후 중앙 3칸에 우물마루를 깐 넓은 대청 공간을 만들고 그 좌우편에 1칸 통칸(通間)의 온돌방을 넣었다. 문을 열어보니 정면에는 '明敎堂(명교당)', 왼쪽에는 '貴本齋(귀본재)', 오른쪽에는 '求仁齋(구인재)' 현판이 각각 걸려 있다. 또한 왼쪽과 오른쪽 벽에는 '毋事必求是 毋落第二義(무사필구시 무락제이의)'라는 글자가 각각 5자씩 쓰여 있는 목판이 걸려 있다. '모든 일은 반드시 옳은 것을 구하고 의롭지 못한 일에 빠지지 말라'는 뜻이란다. 이는 권득기가 후손들에게 남긴 십자훈(十字訓)인

▽ 권득기가 후손들에게 남긴 십자훈

데 뒷날 그의 아들인 권시가 1658년 조선 숙종 때 우의정을 지낸 허목(許穆)에게 부탁하여 받은 글씨를 전각(篆刻)하여 이곳에 걸어 놓고 후손들이 교훈으로 삼았다고 한다.

명교당 건물 왼쪽에는 시습재 건물이, 오른쪽에는 지선재 건물이 있다. 강당 뒤에는 제사를 준비하기 위한 공간인 전사청(典祀廳) 건물이 있다.

도산서원의 정문을 열고 나와 권득기와 권시를 제향하기 위한 공간인 함덕사(涵德祠)를 보았다. 함덕사는 권득기와 권시를 배향한 사원이다. 함덕사로 들어가는 문의 이름은 유정문(由正門)인데, 이 문으로 들어가기 전에 현대식으로 철문을 해 놓았다. 유정문은 정면 3칸, 측면 2칸에 겹처마 팔작지붕의 대문에 태극문양을 그려 놓았다. 유정문 왼쪽에는 '道山書院事蹟碑(도산서원사적비)'가 크게 세워져 있다.

이곳 도산서원은 일반적인 서원구조와는 조금 다르다. 보통 강학 공간 뒤에 사당 공간이 자리잡고 있는데, 서원 공간이 부족하여 서원 왼쪽 위에 제향공간인 함덕사를 건립하였다. 그래도 단청을 한 사당이 우뚝 솟아 있어서 좁은 공간이지만 조화를 이룬다.

△ 권득기와 권시를 제향하기 위한 공간인 함덕사

△ 도산서원 재실

도산서원을 나와 도산서원 뒤편에 있는 재실(齋室)로 갔다. 이곳의 정문은 솟을삼문으로 크게 되어 있는데 이 문은 자물쇠로 닫혀 있고, 옛날 안내소로 사용하던 장소의 문을 열고 들어갔다. 본 건물과 양쪽에 숙소로 사용하던 건물이 위치하고 있다. 이곳도 문화재로 등재시키기 위해 노력하고 있다고 한다.

재실을 나와 왼쪽으로 70m를 가니 오른쪽에 안동 권씨 종중에서 세운 도산서관이 있다. 2층으로 된 도산서관 중앙에는 '道山書館'이라는 현판이 걸려 있고 그 양쪽에는 '도산서원관리사무소', '安東 權氏 炭翁公派宗中', '道山學術硏究院' 현판이 걸려 있다. 안으로 들어가니 종중의 일을 보는 분들이 있다. 모두 반갑게 맞아주어서 제 집에 들어온 것마냥 편안하다. 그분들과 인사를 나누고 2층 도서관도 구경하였다. 많은 고서들이 책꽂이에 정연하게 정리되어 있다. 열람을 원하는 사람들에게 개방된다고 한다.

△△ 안동 권씨 탄옹공파종중에서 세운 도산서관

△ 장판각이 보관되어 있는 숭모각

도산서관을 나와 뒤쪽에 있는 장판각으로 갔다.

장판각은 정면 5칸으로 된 큰 건물이었는데 건물 중앙에는 '崇慕閣(숭모각)'이라는 현판이 걸려 있다. 장판각 앞에는 안내판이 있다.

만회집, 탄옹문집 판목(晚悔集, 炭翁文集 板木)
유형문화재 제17호
대전광역시 서구 탄방동 274-1

만회집 판목(晚悔集 板木)은 만회 권득기(晚悔 權得己, 1570~1622)의 글을 모아 1635년(인조 13)과 1712년(숙종 38)에 만든 것이다. 총 328판으로 이루어졌으며, 광해군 때 일어난 당원(黨原), 예학(禮學) 등의 사실을 담고 있어 학문연구에 좋은 자료가 된다. 탄옹문집 판목(炭翁文集 板木)은 권득기와 아들인 탄옹 권시(炭翁 權諰, 1604~1672)의 글을 모아 1738년(영조 14)에 제작한 것이다. 총 282판으로 시

▽ 장판각

(詩)·서(書)·소(疏)와 예설(禮說) 등의 내용을 담고 있어 실학사상 연구에 좋은 자료가 된다.

정말 목판이 보관되어 있을까? 나무문과 철문이 이중으로 되어있다. 각각의 문을 열어주어 안에 들어가 볼 수 있었다. 아, 이것이 장판각이구나! 꽁꽁 숨겨진 장판각은 팔만대장경의 판각처럼 잘 정돈되어 있다. 이 귀한 문화유산이 관리소홀로 파손이라도 되면 어쩌나 걱정을 했더니 항상 환기에 신경을 쓰고 일 년에 한두 번 소독을 하고 있기 때문에 보존이 잘되고 있다고 한다.

장판각을 나와 도산서관 바로 뒤쪽에 있는 권시의 묘소에 참배하였다. 묘소가 도시의 가운데에 있지만 신라 왕릉이 도심에 있는 것처럼 어색하지 않다. 묘소 뒤쪽에는 오래된 소나무 숲이 묘소를 안고 있다. 잘 정돈되어 있는 묘소에는 문인석과 망주석이 양쪽에 각각 하나씩 서 있다. 묘소 양쪽에는 비석이 두 개 있는데 오른쪽에 있는 것은 처음에 만든 것이고, 왼쪽에 있는 비석은 처음의 비석의 글자가 잘 보이지 않아 다시 세운 것이라고 한다. 묘소 오른쪽에는 최근에 세운 듯한 윤증(尹拯)의 비석이 세워져 있다. 윤증의 비석이 이곳에 세워져 있는 것이 의아했는데 할아버지가 설명을 해주신다. 윤증이 권시의 큰딸과 결혼하여 사위가 되었기 때문이란다. 윤증은 소론(少論)의 영수로서 우의정을 지낸 인물이다. 권시는 윤증뿐만 아니라 노론(老論)의 영수이며 영의정을 지낸 송시열(宋時烈)의 큰딸을 둘째 며느리로 삼았으며, 남인(南人)의 영수인 윤휴(尹鑴)의 아들인 윤의제(尹義濟, 충청도 관

△ 권시의 묘역

찰사)를 둘째 사위로 삼은 인물이기도 하다.

권시의 묘역은 일제강점기에 비행기 활주로(삼천리비행장) 공사로 인해 크게 줄어들었고, 근래에 둔산 신도시가 개발되면서 도심의 섬처럼 남아 있게 되었다고 한다.

권시의 묘소를 내려와 묘소 앞에 있는 종갓집으로 가보았다. 솟을삼문으로 되어 있는 문 왼쪽에는 '道山書堂(도산서당)'이라는 현판이 걸려 있는 집이고, 안쪽의 'ㄱ'자로 된 건물은 종손(권동순)이 거주하는 집이다. 외출하시는 종손과 잠시 인사를 나누었다.

도산서원과 권시의 묘역을 둘러보고 나니 조상의 훌륭한 정신을 잊지 않고 본받으려는 후손들의 지극한 마음을 새삼 엿볼 수 있는 곳이라는

▽ 종손이 거주하는 집

생각이 든다.

"학문을 하는 목적을 과거(출세)에 두지 말라!"는 권시의 말이 나의 뇌리에 맴돈다.

10. 으뜸 효행, 실학자 유회당 권이진(權以鎭)

대전 보문산 서쪽, 산성동을 지나 대전동물원 삼거리에서 직진하여 작은 고개를 넘었다. 오른쪽으로는 뿌리공원이 살짝 모습을 감추고 있고 유등천을 거슬러 길이 이어진다. 짧은 내리막길인가 싶더니 좁은 길 입구에 '무수동 유회당, 여경암, 구완동청자가마터' 안내판이 보인다.

안내판을 따라 조금 더 들어가니 '안동 권씨 유회당종가' 가 나왔다. 이곳이 무수동(無愁洞)이다. 옛날 이곳에서 '무쇠가 많이 난다' 하여 무쇠골이라고 불렀는데, 탄옹 권시(權諰)의 첫째 아들이며 조선 숙종 때 대사간을 지낸 권기(權愭)가 내려와 이 마을에 살면서 안동 권씨 집성촌이 되었다. 권기는 이 마을의 경관이 좋아서 그의 호를 무수옹(無愁翁)이라 지었는데 마을이름이 무수동이 되었다고 한다. 권이진(權以鎭)은 권기의 조카이다.

유회당 종가를 지나 먼저 유회당으로 향했다. 주차장에 차를 쉬게 하고 쉼터에 가니 마을 어르신들이 모여 막걸리를 마시며 세상 돌아가는 이야기를 나누고 있다. 그분들 옆에 잠시 앉아 무수동 안동 권씨에 대한 이야기도 들었다. 아이들과 함께 유회당을 찾은 아주머니가 네잎클로버 하나를 선물로 준다. 오늘은 어째 좋은 일들만 생길 것 같다. 유회당 가는 길에 '무수천하마을'이라는 제목으로 무수동 마을의 지도가 있다. 하늘아래 근심 없는 마을이란다. 한눈에 마을 전체를 볼 수 있어서 안내자가 된다. 조금 더 가니 유회당 안내판이 있다.

유회당(有懷堂)
유형문화제 제6호
대전광역시 중구 무수동 94

조선 영조(英祖) 때 호조판서(戶曹判書)를 지낸 유회당 권이진(有懷堂 權以鎭, 1668~1734) 선생이 건물 뒤 산에 있는 부모의 묘에 제사를 지내면서 독서와 교육을 하기 위해 1714년(숙종 40)에 지은 것이다. 유회(有懷)는 '부모를 간절히 생각하는 효성스러운 마음을 늘 품고자' 하는 뜻이다. 삼근정사(三近精舍)는 묘, 시냇물, 철쭉 숲이 가깝다하여 이름 지은 것으로 이 고장에서는 유일한 시묘소(侍墓所 : 묘를 지키기 위해 세운 건물)이다. 기궁재는 유회당, 삼근정사 등을 관리하기 위한 재실 건물로 묘사(墓祀)를 지낼 때나 종회(宗會) 등에 사용된다.

△ 유회당의 정문인 충효문

안내판을 뒤로 하고 여러 층의 돌계단을 오르니 '忠孝門(충효문)'이라는 현판을 단 솟을대문이 있다. 돌계단 위에 문이 있어서 더욱 더 웅장하게 보인다.

문을 열고 들어가니 한 폭의 그림 같은 집이 눈 안 가득 들어온다. 경사를 이용하여 꾸민 집으로 마당은 없고 대신 맨 앞에 연못이 있다. 연못에는 잉어들이 빨간 등을 내밀며 노닐고 있다. 층을 두고 예쁜 정원도 꾸며져 있다. '活水潭(활수담)'이라는 이름을 가진 작은 연못 위에 화강석으로 만든 다리가 건물로 오르는 길이 되어준다. 어, 저기! 네잎클로버를 준 아주머니의 아이들인 어린 남매가 연못의 잉어들과 한가하게 장난을 치고 있다. 여유 있는 토요일 오후다.

다리를 건너면 비탈진 경사면에 삼단으로 축대를 나누어 자연석으로 쌓았고 그 위에 유회당 건물이 단아하게 앉아있다. 정면 4칸, 측면 2칸의 웅장한 건물이다. 중앙에 '有懷堂(유회당)'이라는 현판이 걸

▽ 유회당

려 있다.

　유회당 마루에 걸터앉으려면 큰 배롱나무와 소나무로 장식된 정원을 가로지르는 돌계단을 올라야 한다. 꽤 높이가 있다. 우리는 유회당 마루에 앉아 권이진에 대한 자료를 보며 휴식을 취했다. 아름답게 가꾸어진 정원이 시원하게 내려다보이는 이곳에서 책을 읽으면 신선이 부럽지 않을 것 같다.

　권이진은 17세 되던 해(1684) 아버지 권유(權惟)가 세상을 떠나자 무수동에 묘소를 마련하고 묘막을 지어 삼년상을 지냈다. 그리고 묘소를 지키고자 하는 의미에서 묘의 동쪽에 문중 원찰인 여경암과 거업재를 지었다.

　27세에 문과에 급제한 후 함평군수 등의 관직을 거치다가 40세가 되던 1707년에 집 짓는 일을 하게 되었다. 선친의 묘소를 현 위치로 이장하고 먼저 묏자리 아래 100보 되는 곳에 시신과 제기를 임시로 안치할 집을 지었는데, 때로는 시간이 늦으면 그곳에 머물기도 하였다.

　이듬해에 다시 묘막 서쪽에 두어 칸의 집을 지었다. 동쪽 방문을 열면 아침저녁으로 묘를 보면서 절을 할 수도 있었고, 비바람이 칠 때에도 제사를 지낼 수 있었다. 문을 닫으면 쉬거나 글을 읽을 수 있었다. 그는 이 집을 유회당이라고 했는데, 부모를 간절히 생각하는 효성스러운 마음을 늘 품고 싶다는 뜻을 지니고 있다. '유회(有懷)'는 중국 명나라 때 학자인 전목제의 '명발불매 유회이인(明發不寐 有懷二人)'이라는 시에서 따온 말이다. 부모의 은혜를 끝내 잊을 수 없다는 뜻이다.

유회당은 앞면과 양쪽 면에 난간이 돌려진 툇마루가 있고 가운데 넓은 대청마루를 중심으로 양쪽에 온돌방을 배치하였다. 오른쪽은 불기재(不欺齊), 왼쪽은 구시재(求是齊)라고 하는데 '속이지 말고 옳은 것을 구하라'는 뜻이다. 이 말은 권이진의 증조부인 만회 권득기의 유훈이다. 그는 돌아가신 부모를 가까이 모시기 위해 이 집을 지었고, 선친을 생각하는 마음으로 집 이름을 삼았으며, 조상의 가르침을 좌우에 붙여놓았다.

유회당 오른쪽 앞쪽에는 유회당 장판각 건물이 있다. 원래는 사당으로 사용되었는데, 후에 후손들의 강학처로 사용되기도 하였으며 지금은 유회당 권이진의 시문집 246매를 보관하고 있다. 이곳도 이중으로 문을 잠가두어서 들여다볼 수는 없다. 장판각은 정면 3칸, 측면 2칸의 평면에 내부는 통칸으로 되어 있다고 한다.

　　유회당 판각(有懷堂 板刻)
　　유형문화재 제20호
　　대전광역시 중구 무수동 94

유회당 권이진(有懷堂 權以鎭, 1668~1734)선생의 글을 모아 놓은 판목(246판)으로 증손자인 좌옹 권상서(左翁 權尙恕, 1767~1835)가 순조 초에 만든 것이다. 판각에는 시(詩), 서(書), 소(疏) 등과 성리학 관계 자료들이 실려 있으며, 특히 일본과 관계되는 외교자료(外交資料)와 연행일기(燕行日記) 등이 있어 당시의 학문과 국제 정세를 연구하는데 중요한 자료로 알려져 있다.

장판각(藏板閣) 뒤에는 재실인 '기궁재(奇窮齋)'가 있는데 큰 솟을대문 위에는 '尙志門(상지문)'이란 현판이 걸려 있다. 문이 잠겨 있어 안으로 들어가 볼 수는 없고 밖에서 안을 들여다보았다. 기궁재는 관리인이 종토(宗土)를 경작하여 제사를 모실 준비를 하는 공간이다. 'ㄱ'자형 건물로서 넓은 대청을 중심으로 안방·건넌방·부엌 등이 있다.

기궁재 뒤에는 정면 3칸으로 되어 있는 별묘(別廟) 건물이 있다. 별묘는 위패를 모셔 놓는 공간인 듯하다.

별묘 옆에 있는 '삼근정사(三近精舍)'라는 건물로 갔다.

권이진이 숙종 41년(1715) 그의 나이 48세 되던 해에 처음 묘소를 모시고 시묘(侍墓)살이를 하던 자리에 삼근정사를 세웠다고 한다. 삼근정사는, 중앙에 방을 배치하고 양 측면에 마루를 깐 'ㄱ'자 형태의 평면을 가지고 있는 작은 규모의 건물이다. 삼근정사의 방 쪽에는 '三近精舍(삼근정사)'란 현판이 걸려 있다. 여기서 삼근이란 묘, 시냇물, 숲이 가까운 것을 이야기 한다. 개울 쪽에는 '何去園(하거원)'이라는 편액이 걸려 있는데 이는

▽ 재실인 기궁재

관직으로 떠나면서 차마 발길이 떨어지지 않는 마음을 써놓은 것이다. 또한 권이진의 아버지인 권유의 묘소를 바라볼 수 있는 곳에는 '收慢軒(수만헌)'이라는 편액이 걸려 있다.

△ 삼근정사

유회당을 나와 차를 타고 거업재(居業齊)와 여경암(餘慶菴)으로 가는 산길을 올랐다. 길옆에는 권이진의 아버지인 권유(權惟)의 묘가 자리잡고 있다. 묘 앞에는 비석과 문인석이 세워져 있는데 돌이끼가 끼어서 오랜 세월의 흔적이 엿보인다. 이곳에서는 유회당과, 유회당 종가, 무수당 마을이 한눈에 들어온다. 권유의 묘에서 오르막길을 한참 더 올라가니 거업재와 여경암이 눈앞에 다가왔다. 여경암에는 어제가 부처님 오신 날이라 연등들이 줄줄이 달려 있다.

▽ 권유의 묘소를 바라볼 수 있는 곳인 수만헌

먼저 거업재로 들어가 보았다. 거업재는 집안의 자제들과 동네 아이들을 가르치기 위해 세운 건물인데 정면 6칸, 측면 1칸의 '一'자형 건물구조이다. 그 옛날에는 이곳에서 글 읽는 소리가 낭랑하게 들렸을 테지만 지금은 여경암에서 들려오는 불경소리만 감돌고 있다.

거업재 건물 뒤에 있는 여경암으로 발길을 돌렸다. 여경암 앞에는 안내판이 있다.

여경암, 거업재, 산신당(餘慶菴, 居業齊, 山神堂)
유형문화재 제18호
대전광역시 중구 무수동 299

여경암과 거업재는 유회당 권이진(有懷堂 權以鎭, 1668~1734) 선생이 1715년(숙종 41)에 후손(後孫)과 후학(後學)들의 교육 장소로 세운 건물이다. 여경암(餘慶菴)이라는 이름은 송(宋)나라 사마온공(司馬溫公)이 교육을 위하여 세운 "여경사(餘慶寺)"라는 강당 이름에서 따온 것으로 현재는 불당(佛堂)으로 사용하고 있다. 거업재(居業齊)는 "군자(君子)의 도(道)를 배운다."는 뜻을 지닌 서당(書堂) 건물로 오른쪽 2칸 대청은 여름 공부방, 왼쪽 온돌방 2칸은 겨울철 공부방으로 각각 사용하였다. 여경암 뒤에는 산신당(山神堂)이 있는데 내부에 산신탱화가 모셔져 있다. 불교(佛敎)사원과 유교(儒敎) 교육기관, 그리고 도교(道敎)적인 산신당이 한 울타리 안에 있어 매우 특이하다.

▽ 권유의 묘소를 수호하기 위하여 세운 여경암

여경암에는 '餘慶菴(여경암)'이라는 큰 현판 뒤에 불상이 있다. 이 건물은 권이진이 그의 아버지의 묘소를 수호하기 위하여 세운 건물인데 스님의 불경 읽는 소리와 목탁 소리가 들려와 이색적인 풍경이다. 암자 뒤에는 산신당도 보인다.

목탁 소리를 뒤로하고 온 길을 돌아나와서 '유회당 종가'로 갔다.
종갓집은 사당과 안채 건물이 있는데 지금은 사람이 살고 있지 않아 길가에 있는데도 한적하다. 집 앞에는 안내판이 있다.

▽ 유회당 종가

안동 권씨 유회당종가(安東 權氏 有懷堂宗家)일원
유형문화재 제29호
대전광역시 중구 무수동 299-1

영조 때 호조판서를 지낸 유회당 권이진(有懷堂 權以鎭, 1668~1734) 선생이 처음 터를 잡았던 유회당 종가는, 화재로 소실된 것을 1788년 후손들이 현재의 자리에 옮겨 지은 것이다. 이 가옥은 보문산 남쪽을 배경으로 하고 사방이 산으로 둘러싸인 아늑한 곳에 자리잡고 있다. 이는 산과 내를 벗하여 생활함으로써 청결하고 참된 선비의 경지를 이루겠다는 생활철학이 담겨진 것이다. 전반적으로는 건물의 규모를 작게 하고, 건물간의 사이 공간을 여유롭게 배치한 유회당 종가는 낮은 잡석기단 위에 구성한 'ㄱ'자형 안채의 온건함, 아담한 크기의 사당, 마을 공동체의 구심적 역할을 했을 것으로 보여지는 모정, 그리고 자연공간과 어울린 정원 등의 다양한 공간 구성을 보여준다.

유회당 종가 앞에는 광영정(光影亭)이라는 초가지붕의 정자가 있다. 아담하면서 정겨움을 함께 자아내고 있다. 광영정 앞에는 시냇물을 끌어들여 앙증맞은 폭포를 만들고 그 안에는 연꽃을 심어 놓은 작은 연못도 있다. 널찍한 연잎은 물 위에 동동 떠서 연못 속에 사는 개구리의 쉼터가 되어줄 것 같다. 연못가에는 두 그루의 큰 은행나무와 느티나무 한 그루가 위용을 자랑하고 있다. 광영정은 권이진의 맏아들인 권동징(權洞徵, 1694~1755)이 지었다고 한다. 그곳에 앉아 잠시 휴식을 취했다.

광영정 안에는 편액이 사방으로 걸려 있다. 동쪽에는 '애월란(愛月欄)', 남쪽에는 '광영정(光影亭)', 북쪽에는 '인풍루(引風

樓)', 서쪽에는 '관가헌(觀稼軒)'이라. 이는 사방에서 바라보는 풍경을 묘사한 것이다.

아름다운 광영정을 뒤로 하면서 무수동에 자리잡았던 권이진을 생각해 보았다. 당대 최고의 관직을 두루 거치면서도 당쟁의 소용돌이 속에서 꿋꿋하게 자신의 직분과 남다른 처세를 보여준 선비였던 그는 40여 년간 어버이 묘소를 지키고자 하는 지극한 정성으로 나무 한 그루, 풀 한 포기에 효심을 담아 유회당을 건립하였을 것이다. 유회당을 둘러보면서 그의 효심에 감동받았고 조화로운 건물의 향기에 취했다. 포항으로 돌아가는 길은 뭔가를 가득 얻어가는 듯 가슴 벅차다.

△△ 광영정
△ 광영정에서 바라본 유회당

> 어버이 묘소를 끝없이 모시고 싶어
> 여경암 재사(齋寺)를 천금 들여 다시 지었네.
> 스님들 효험 있다는 말 때문이 아니라
> 나무꾼 아이들이 날마다 오는 것을 막기 위해서일세.
> 네모난 못을 파서 물을 끌어들이고

따로 집 하나를 지어 글을 읽게 하였네.
어버이 받들고 후진을 기르는 뜻이 모두 여기에 있으니
후세에 그 누가 내 고심을 알아주랴.

〈유회당집〉에서

11. 권벌(權橃)과 닭실마을

'한과를 만드는 마을'로 알려져 있는 봉화의 닭실마을을 찾았다. 마을을 둘러싸고 있는 산이 황금빛 암탉이 둥지의 알을 품은 채 날개를 펼친 모습을 하였다고 해서 닭실마을이라고 부른다고 한다. 모처럼 온 가족이 함께 하는 날이어서 마음부터 풍성하다.

닭실마을 입구에 다다르니 큰 돌에 '충절세향 닭실'이라고 새겨진 표지석이 다리 건너에 보인다. 이름처럼 마을이 꼭 닭의 품 속에 안겨 있는 듯 산으로 편안하게 둘러싸여 있다. 마을 전체가 기와지붕의 전통가옥을 그대로 유지하고 있어 마치 시간을 거슬러 올라 한 양반 동네에 온 느낌이다.

마을입구에 들어서니 가장 먼저 오른쪽에 '닭실 한과'를 만드는 회관이 보인다. 그런데 지금은 문을 닫아 놓았다. 한여름에 바삭한 한과를 맛본다는 것은 무리가 있나보다.

토담을 따라 한적한 마을에 들어섰다. 길을 따라 왼쪽으로는 인삼밭이 마치 검은 이불을 펴놓은 듯 펼쳐져 있다. 그 이불 밑에 가끔씩 보이는 인삼 열매가 유난히 붉어 보인다. 인삼밭이 기와지붕들과 어우러져 평화로운 마을 풍경을 자아낸다.

마을 길가에 세워져 있는 가로등은 닭 모양을 형상화해 놓아

정겨움을 더한다. 그 가로등 밑으로 종알종알 이야기를 나누며 걸어가는 우리 아이들의 모습이 무척 사랑스럽다.

긴 담장 중간쯤에 솟을대문이 보인다. 안내판을 보니 내성 유곡 권충재 관계유적이라고 한다.

내성 유곡 권충재 관계유적(乃城 酉谷 權沖齋 關係遺蹟)
사적 및 명승 제3호
경북 봉화군 유곡리 산 131

이곳은 조선 중종(中宗) 때 문신으로 예조판서(禮曹判書)를 지낸 충재(沖齋) 권벌(權橃, 1478~1548)의 유적지이다. 이곳은 유곡(酉谷)으로 '닭실'인데 흔히 '달실'로 부른다. 그는 안동출신으로 동왕 2년(1507)에 문과에 급제하고 관직에서 활동하던 중 중종 15년(1520) 기묘사화(己卯士禍)에 연루되어 파직된 후 이곳에 정착하여 후진을 양성하고 경학(經學)연구에 전념하였다. 그는 동왕 28년(1553) 복직되었다가 을사사화(乙巳士禍)로 인하여 다시 파직되었고, 명종(明宗) 3년(1548) 유배지인 평안도 삭주(朔州)에서 돌아갔다.

그가 지은 청암정(靑巖亭)과 큰아들인 청암(靑巖) 권동보(權東輔)가 충재의 뜻을 기리기 위하여 지은 석천정(石泉亭)이 있는 이곳은 울창한 소나무숲과 아름다운 암석으로 경관이 매우 빼어나다. 이중환(李重煥)은 「택리지(擇里志)」에서 이 지역을 경주의 양동(良洞), 안동의 내앞(川前), 풍산의 하회(河回)와 함께 삼남 지역의 4대 길지(吉地)로 꼽고 있다.

솟을대문은 아래위가 자연스럽게 그린 눈썹 같다. 소나무인 것 같은데 아래위로 둥글게 곡선을 이루고 있어 아름다움의 극치를 보여준다.

△ 둥글게 곡선을 이루고 있는 정문

▽ 궤연을 하고 있는 종가 건물

문을 통과 하니 처음 눈에 들어 오는 것이 사랑채의 여막이다. 그 곳은 상을 당했을 때 상제들이 곡을 하거나 조객을 맞이하기 위해 마련한 상청이라는 뜻이다. 아내는 짚으로 꾸며진 여막을 처음 보는지 나에게 물어본다. 종가 마루턱에 앉아 아내와 아이들에게 상청에 대해 이야기해주었다.

"저것을 상청 또는 궤연(几筵)이라고 하는데 상주가 상복을 입는 동안 혼백을 모시는 장소라는 것을 표시해 놓은 것이지. 병풍을 치고, 교의를 놓고 그 위에 혼백과 신주를 모시고 3년 동안 아침, 저녁으로 음식을 올리면서 문안인사를 한단다. 3년(대상, 大祥)이 지나면 신주(神主)를 사당(詞堂)으로 모시게 되지."

권벌 종가는 영남지역의 양반가에서 흔히 있는 'ㅁ'자형의 건물이다. 현재는 권벌의 종손이 살고 있다고 한다. 선뜻 들어서기가 미안해서 밖에서 기웃거리며 살펴보았다. 종가 오른쪽에는 사당이 있는데 일반 사당 보다 규모가 크다. 충재 권벌도 불천위 제사를 지내고 있는 분이다. 지금은 문이 굳게 잠겨 있다.

종가와 사당 앞마당에는 잔디가 넓게 깔려 있어 시원한 느낌을 준다.

△ 사당

사당을 지나니 충재라는 건물이 나왔다. 이 건물은 권벌이 글공부를 하던 곳이라고 한다. 권벌의 서재인 '沖齋(충재)'는 1526년 봄에 짓고, 그 뒤 서쪽에 연못으로 둘러싸인 거북처럼 생긴 바위 위에 '청암정(靑巖亭)'을 지었다고 한다. 바위섬으로 연결되는 돌다리를 건너, 바위를 쪼아서 낸 계단을 오르니 바로 청암정이다.

▽ 청암정

이 정자는 거북이 모양의 바위를 생긴 그대로 이용하여 기둥을 세워 지었다. 바위를 평평하게 다듬지 않고 기둥 길이를 조정해서 지었기 때문에 건물이 바위 위에 살포시 내려앉아 있는 것 같다.

청암정의 멋스러움에 취한 아이들이 충재 권벌이 누구인지 무척 궁금해한다. 우리는 청암정에 앉아 더위를 식히며 가지고 온 자료를 보고 아이들과 이야기를 나누었다. 그 모습이 보기 좋아 캠

△ 청암정에서 바라본 충재 건물

코더에 담기도 했다. 한줄기 바람의 안내를 받으며 주변을 둘러보니 향나무, 왕버들나무, 소나무가 우거져 정자의 운치를 한껏 살리고 있다.

청암정을 내려오는 길에서 바라본 돌다리는 또 다른 감흥을 준다. 중앙에 가로로 돌출한 돌 받침이 있었던 것이다. 들어 갈 때는 보이지 않았는데 나올 때 보인다. 왜 저렇게 해놓았나? 골똘히 생각해 보니 아름답게 보이는 것도 있지만 돌다리 중앙에서 서로 만났을 때 피하며 건너라고 해놓은 듯하다. 건물을 지어도 어쩌면 저렇게 배려하는 여유와 멋을 함께 갖추어 놓았는지 놀라울 따름이다.

청암정 오른쪽의 작은 문으로 나와 '충재박물관'에 가니 한복을 차려입은 권벌의 종손 권용철 씨가 우리를 반갑게 맞이한다. 일가인 안동 권씨임을 알고 나면 누구라도 반겨주니 새삼 남이 아님을 느끼게 된다.

종손은 유물과 자료에 대해 설명을 해주었다. 특히 권벌 선생의 과거 답안지에 대해서 자세히 설명을 해준다. '三之二(삼지이)'라고 쓰인 것은 병과에 2등을 했다는 뜻이고 뜯겨나간 앞부분에는 응시자의 이름이 있던 곳이라고 한다. 누구의 답안지인지 알 수 없게 하여 공정하게 시험을 보았다는 것이다. 현시대에 자식을 위해서라며 비리

△ 충재박물관

를 저지르는 권력 있는 사람들이 새겨들어야 할 내용이다.

　이곳 충재기념관에는 보물 제261호인 충재일기, 보물 제262호인 근사록, 보물 제896호인 유묵, 연산일기, 세초도 등 400여 점의 문화재가 보관되어 있다고 한다. 충재기념관을 다 보고 나니 권벌의 종손이 자료로 보탬이 되라고 닭실마을에 대한 책 한 권을 선물로 주셨다.

　닭실마을을 나와 삼계서원(三溪書院)으로 갔다. 삼계서원의 누각 위에는 관물루(觀物樓)라는 현판이 걸려 있다. 그런데 시멘트로 보수 공사를 해놓아 이상한 모양이 되어 버렸다. 삼계서원의 정문인 환성문(喚惺門)은 굳게 닫혀 있어서 들어갈 수가 없다. 관물루 왼쪽으로 돌아가니 서원을 관리

△△△ 권벌의 종손과 함께

△△ 삼계서원의 관물루

△ 삼계서원

하는 관리사가 보이고 관리사 집으로 들어가기 전에 허물어진 담장이 있어서 그곳으로 들어갔다.

강당 앞에는 삼계서원이라는 현판이 걸려 있고 그 뒤쪽에 정일당(精一堂)이라는 당호가 쓰여 있다. 조선중기의 문신 학자인 정구(鄭逑)가 선조 때 삼계서원의 각 건물의 이름을 지었다고 한다. 강당 동쪽에 있는 동재는 사무사(思無邪), 서쪽에 있는 서재는 모불경(母不敬)이라고 써놓았다. 강당 오른쪽 뒤에 있는 사당을 충정공사(忠定公祠)라고 하는데 권벌의 위패를 모시고 있다고 한다. 동재의 앞쪽에는 1906년에 사림에서 세웠다는 신도비와 비각이 있다.

삼계서원은 앞에는 공부하는 공간을 두고, 뒤에는 제사 지내는 사당을 배치한 '전학후묘(前學後廟)'의 형식을 하고 있다. 옛날에는 이곳에서 책 읽는 소리가 끊이지 않았을 것인데 지금은 찾는 이가 없어 정적만이 감돈다. 강당 마루에 앉아 관물루를 바라보았다. 문화재로 보이지 않을 만큼 훼손이 심하다. 2층 기둥까지 철근콘크리트로 복원된 것만도 눈살을 찌푸리게 하는데 지붕의 기와는 곳곳이 무너져내려 보기에도 안쓰럽다.

안타까운 마음을 안고 권벌의 또 다른 유적인

△ 석천정사 가는 길에 있는 청하동천 글씨

석천정사로 향했다.

  삼계서원에서 왼쪽으로 조금 나오니 석천정사(石泉精舍) 이정표가 있다. 계곡으로 난 비포장 흙길을 들어서니 아름다운 솔숲이 나온다. 꽐꽐거리며 흐르는 물소리가 경쾌하다.

  한참을 가다보니 왼쪽 산기슭 바위에 초서체로 각인이 된 글자가 있다. '靑霞洞天(청하동천)'. 개성의 박연폭포에서 본 황진이의 머리카락으로 쓴 글씨체와 비슷해 보인다. 이 글씨는 권벌의 5세손 권두응이 쓴 것으로 '신선이 사는 마을'이라는 뜻이란다. 아름다운 곳에는 그것에 걸맞은 글귀를 남기고 싶은가보다.

  청하동천 글씨를 뒤로하고 오른쪽으로 쉼없이 흘러내리는 물길과 동무하며 천천히 올라갔다. 비

△ 석천정사

가 온 뒤라 물소리가 커서 바람소리, 새소리도 삼켜버렸다.

솔숲 오솔길이 끝나는 지점에 이르니 드디어 계곡 건너에 있는 석천정사가 보인다. 하지만 물이 많이 불어 석천정사로는 갈 수가 없다. 물을 건너다가는 가을낙엽이 세찬 물살에 흔들리듯 휩쓸려 버릴 것 같다. 눈으로만 볼 수밖에. 아쉬운 마음으로 널따란 바위 위에서 계곡 반대편에 있는 석천정사를 바라보았다. 아래쪽 건물은 한참 복원 공사 중이고 위쪽 건물은 검은 기와를 이고 조용히 앉아 있는데 노부부가 그곳의 마루에 앉아서 담소를 나누고 있다. 깊은 산속에서 계곡의 물소리를 벗 삼아 살고 있는 그분들이 석천정사와 더불어 자연의 일부분 같다.

석천정사는 권벌의 아들인 권동보(權東輔)가 1535년에 세운 정자이다. 권동보는 봉화에서 많이 나는 춘양목(春陽木)으로 석천정사를 지었으며, 계곡의 원래 지형을 최대한 살려 자연과 조화를 이루도록 하였다. 정자라고 하지만 전체 34칸의 큰 건물이다. 정자로 이름 붙인 이유는 학문과 수양을 목적으로 했기 때문일 것이다.

가까이 가 볼 수 없기 때문에 가져간 자료를 읽어보며 감흥을 대신할 수밖에 없다.

내성 유곡 충재 관계유적(乃城 酉谷 冲齋 關係遺蹟)
사적 및 명승 제3호

　조선조 중종(中宗) 때의 문신 충재 권벌(冲齋 權橃) 선생의 유적이다. 선생의 자는 중허(仲虛), 호는 충재(冲齋)이며 시호는 충정(忠定), 본관은 안동(安東)이며, 1507년 문과에 급제하고 우찬성(右贊成)에까지 올랐다. 그러나 명종(明宗) 초에 윤원형(尹元衡)이 윤임(尹任)을 배척하자 이를 반대하다가 삭주((朔州)에 유배되어 그곳에서 일생을 마쳤으며 선조(宣祖)때 영의정으로 추증(追贈)되었다. 산곡간의 울창한 송림을 끼고 청류벽(淸流壁)에 세워진 청암정(靑巖亭)과 석천정사(石泉精舍), 삼계서원(三溪書院) 일대는 경치가 아름다워 사적 및 명승으로 각광을 받고 있다.

　물이 많아 직접 건너가보지 못하고 공사를 하고 있어서 온전한 모습을 보지 못해 아쉬움도 있었지만 석천정사의 아름다운 풍광을 눈 안에 담았다.

12. 구만서원(龜巒書院)

　주소 하나 달랑 들고 구만서원을 찾는 길은 쉽지 않다. 봉화군 봉화읍 화천리라고 하는데 동네까지 들어섰지만 구만서원은 보이지 않는다. 도촌다리를 건너기 전이라는데 어디로 가야할지 막막하다. 지나가는 할머니께 물어서야 겨우 찾아낸 구만서원. 한적한 곳에 자리하고 있다.

　서원 앞에는 수서 박선장의 오륜가가 적힌 비석이 서 있다. 구구절절 옳은 말들 뿐이다. 아이들과 소리내어 읽는데 형과 아우의

△ 구만서원

도리도 나온다.

형과 아우
먼저 나고 뒤에 나니 차례야 다를지라도
앞뒤에 매달려서 한 젖으로 길러났다
사람이 이 뜻을 모르면 금수만도 못하다

우리아이들이 가슴속에 새겨두면 좋겠다는 생각에 빨리 와서 읽어보라고 했다. 소리내어 오륜가를 읊는 아이들의 얼굴에 웃음이 묻어난다. 가슴에 와 닿는다는 뜻이리라.
서원 정문 쪽으로 올라가니 왼쪽에 안내판이 있다.

구만서원(龜彎書院)
경상북도 문화재자료 제154호
경북 봉화군 봉화읍 화천리

이 건물은 진사(進士) 금인(琴軔, 1510~1593), 진사 남몽오(南夢鰲), 도승지(都承旨) 박선장(朴善長), 참봉(參奉) 권호신(權虎臣,1558~1629) 등 사현(四賢)의 유덕(遺德)을 추모하기 위하여 숙종(肅宗) 2년(1676)에 사림에서 기영사(耆英祠)를 건립하였다가 그 후 영조(英祖) 42년(1766) 구만서원(龜彎書院)으로 개칭(改稱)하였다.

고종 5년 서원철폐령(書院撤廢令)으로 훼철(毀撤)되었다가 1967년에 복원(復元)하여 제향(祭享)하고 있다.

서원의 강당은 정면(正面) 4칸, 측면(側面) 2칸의 팔작(八作)지붕 홑처마집이며 상현사(象賢祠)는 정면 3칸 측면 2칸의 맞배집이다.

조그마한 정문을 들어서니 서원 안마당이 풀숲으로 덮여 있다. 잘못 가다가는 뱀에게 물릴 것 같아 걱정이지만 용기를 내어 마당 안으로 발을 들여 놓았다. 건물 정면에 구만서원이라는 현판이 걸려 있고

▽ 구만서원 현판아래에서
  큰아들과 함께

대청마루 안쪽에는 '흥교당(興教堂)'이라는 편액이 걸려 있다.

강당은 정면 4칸, 측면 2칸으로 가운데 대청을 두고 좌우측에 온돌방이 있다. 강당 오른쪽에 작은 솟을대문이 있는데 그곳으로 들어가보니 구만서원의 사당인 상현사이다. 사당 위에는 상현사(象賢祠)라는 현판이 있는데 이곳에는 권호신(權虎臣), 금인(琴軔), 남몽오(南夢鰲), 박선장(朴善長)의 위패가 모셔져 있다고 한다.

구만서원은 다른 서원과는 조금 다른 건물 배치형태를 보이고 있다. 보통의 서원들은 앞쪽에는 강학공간인 강당이 있고, 뒤쪽엔 제향공간인 사당이 있는데 이 서원은 서로 병렬로 나란히 배치되어 있는 것이 특징이다.

13. 효를 실천하는 권헌조와 송석헌(松石軒)

▽ 마을 입구에 있는 선돌

닭실 마을을 나와 간 곳은 집안 대대로 선비정신을 지켜오고 있는 선돌마을의 송석헌(松石軒)이다. 동네 입구 오른쪽 산 옆에 선돌이 있다. 옛날 마을 입구에 있는 장승처럼 선돌(立石)이 우리를 제일 먼저 맞이한다.

선돌을 조금 지나서 산 밑의 고택 앞에 주차를 했다. 솟을대문을 밀어보니 열리지 않는다. 지나가던 할머니가 열어주신다. 문이 잠겨 있었던 것이 아니라, 너무 약하게 밀어서 열리지 않았던 것이다.

송석헌(松石軒)
경상북도 민속자료 제95호
경북 봉화군 석평1리 입석 320번지

이 건물은 동암(東巖) 권이번(權以橎, 1678~1763) 선생의 아들인 권명신(權命申, 1706~1778)에게 지어준 살림집이다.
선돌마을 입구에 자리잡은 이 집은 경사진 지반(地盤)을 이용하여 'ㅁ'자형(字形) 정침(正寢)과 영풍루(迎風樓), 선암재(仙巖齋), 방앗간, 대문(大門), 사당(祠堂) 등 7동으로 구성된 영남지방(嶺南地方) 사대부저택(士大夫邸宅)의 면모(面貌)를 고루 갖추고 있는 가옥이다.

대문을 들어서니 종손이신 권헌조 할아버지가 높은 지대에 지어진 사랑채 마루에 앉아계신다. 집을 보러 왔다고 하며 인사를 드리니 온화한 웃음을 지으며 천천히 구경하라고 하신다.
큰 사랑채에 송석헌(松石軒)과 성극재(省克齋) 현판이 걸려 있다. 송석헌이란 당호는 큰 바위와 소나무가 선돌 좌우로 뻗어 내려 말을 탄 사람의 다리와 같이 보인다고 하여 지은 것이라고 한다. 성극재(省克齋)는 안연의 물음에 공자가 자신을 극복하고 예로 돌아가라 한 데서 따온 것이라고 한다.

송석헌 왼쪽 건물인 경독재(耕讀齋, 주경야독)에는 안수순청와(安受順聽窪) 현판이 걸려 있는데 주자(朱子)의 치가요법(治家要法)에서 '분수를 편안히 해서 명을 받고 때를 따라 하늘에서 듣는다 (安分受命順時天聽)'의 의미라고 한다. 2층 영풍루(迎風樓)는 다락집으로 책 등을 보관 하던 장소이다. 송석헌 사랑방 오른쪽에는 선암재(仙巖齋)가 있다. 그리고 송석헌 건물 뒤에 사당(祠堂)이 있다.

나무계단을 따라 마루에 있는 할아버지에게 올라가니 우리를 반갑게 맞이해 주신다. 다시 큰절로 인사를 드리고 송석헌에 대한 이야기를 들었

▽ 송석헌

△ 송석헌에서의 권헌조옹과 담소

다. 이 건물은 조선시대 건물규제에 따라 지은 집이라고 한다. 축대가 높아서 마당에서 볼 때는 건물이 매우 커 보이지만 실제로는, 이 건물을 지을 당시에는 벼슬을 하지 않아 기둥이 네모나고 낮게 되어 있다는 것이다.

송석헌이 많이 알려지게 된 것은 아마 권헌조 할아버지가 양친이 살아계실 때 지극정성으로 섬기고, 돌아가신 뒤에는 생전과 같이 하루 세 번 성묘를 하여 현대를 살아가는 우리에게 진정한 효의 실천을 보여 주었기 때문일 것이다.

▽ 송석헌 주인 권헌조 옹

이 건물의 주인이었던 권이번은 벼슬이 높지 않아 집을 지을

때도 많은 규제를 받았지만 그의 후손들이 효를 실천함으로써 어떤 것들이 진정한 양반인지 보여준 것이다.

할머니가 돌아가시고 난 뒤에는 홀로 살고 계신다는 할아버지는 우리가 이렇게 찾아와서 이야기를 들어드리는 것만으로도 좋으신 것 같다. 우리가 일어설 때는 못내 아쉬워하며 대문 앞까지 나와 배웅해 주신다. 살아계실 때 또 한 번 찾아뵐 수 있을는지…….

유교의 기초인 소학에 '修身齊家 治國平天下(수신제가 치국평천하)'라는 말이 있는데, 요즘 현대를 살아가는 우리들에게 많은 생각을 하게끔 하는 말이다.

14. 권의(權檥)와 맛질마을

예천 맛질은 권의(權檥)가 입향하여 8남 1녀를 두었고 그의 자손들이 번창하여 오늘에 이른 마을인데, 모두 충과 효의 으뜸이었다. 그가 죽자 사람들은 '大名은 歸 仲氏, 完福은 卑 長公(벼슬은 중씨에게 주었고 복은 형에게 돌렸다.)'이라 하며, 모두 권의를 부러워했다고 한다. 이 말은 벼슬은 도총관, 병조판서, 예조판서, 좌참찬, 우찬성, 증 영의정을 지낸 동생인 닭실 마을의 권벌(權橃)에게 주었고, 자손이 번성한 복은 그의 형 권의에게 주었다는 말을 일컫는 것이다. 어떤 삶이 더 행복했는지는 각자의 생각에 따라 다를 것이다.

예천읍에서 영주방면 28번 국도를 따라서 하리면 방향으로 달

리다 보니 큰 돌에다가 '금당 맛질 반서울'이라고 쓴 글자가 보인다. '금당 맛질 반서울'. 이 말이 생기게 된 것은 다섯 가지 설이 있다고 한다.

첫째는 남사고(南師古)가 '맛질과 금당실을 하나로 보면 서울과 흡사하나 큰 냇물이 없음이 아쉽다.'라고 하여 그 뒤로 이 말이 생겼다.

둘째는 18세기에 이 곳 출신 중에서 벼슬이 높은 사람이 많아 반조정(半朝廷)이라는 뜻에서 불리어졌다.

셋째는 조선 초기 이성계가 용문(龍門)을 도읍으로 정하기 위하여 그의 신하 권중화(權仲和)에게 닭을 한 마리 주면서, "이 닭이 울기 전에 용문에 도착하면 도읍을 정하겠노라."라고 했는데, 닭이 이 고개를 넘어서면서 울었기 때문에 여기를 '금당 맛질 반서울'이라고 전하여 온다.

넷째는 '맛질'이란 작은 맛질에 우거(寓居)한 권의가 맏아들이어서 '맏길(맛질)'이라고 했으며, 또 마을 근처의 산과 들에서 마(薯)가 많이 나서 '마를 캐는 길목'이라고 맛질이 되었다. '반서울'이란 권의의 아들 7형제가 모두 과거에 급제하여 벼슬이 높이 되어서였다.

다섯째는 경상감사, 법부대신, 한성판윤 등의 벼슬을 역임한 세도가 이유인(李裕寅)이 금당실에 살면서 맛질에 살고 있는 권경하(權經夏)의 집에 자주 놀러가는데, 그 행렬이 한양의 왕가행차(王駕行次)와 흡사하고, 또 맛질에 와서 자주 교유(交遊)한다고 하여 '금당 맛질 반서울'이라는 말을 쓰기 시작하였다.

어느 설이 딱 맞는 것인지는 모르겠지만 나름대로 모두 일리가 있으니 계속 전해지고 있는 것이겠지.

맛질마을을 지나 하리면 방면으로 좌회전하여 달리다 보니 오른쪽 산 중턱에 옛날 건물이 보였다. 혹시나 하고 올라 가보니 함포재사다.

함포재사(咸浦齋舍)
경상북도 문화재자료 제455호

안동 권씨 제곡 입향조(入鄕調)인 야옹 권의(野翁 權儀, 1475~1558)와 심언(審言, 1502~1574), 시(時, 1552~1612), 담(曇, 1558~1631)의 묘소를 수호하기 위하여 건립된 재사로, 건립 연대는 망와(望瓦)의 명문에 나타난 임진년(1772)을 전후한 시기에 건축된 것으로 추정되어진다. 현재의 재사는 여러 차례 보수를 거듭하여 초창(初創) 당시의 모습은 남아 있지 않으나, 이 지역 재사건물의 민속 자료적 가치는 지니고 있는 건물이다.

함포재사 앞에 주차를 하고 건물을 보니 관리가 엉망이다. 왼쪽으로 뚫려 있는 담으로 재사 안마당으로 들어갔다. 재사와 누각 사이의 안마당을 중심으로 왼쪽에 서재, 오른쪽에 문간채가 배치되어 있다. 대문채에서 재사와 서재 뒤편으로 토담을 둘렀고 누각 왼쪽 전면의 협문을 사이에 두고 관리사가 있다.

재사 왼쪽 뒤로는 묘로 통하는 협문이 있다. 재사는 'ㅡ'자형 평면이며 정면 5칸, 측면 3칸 규모의 홑처마 팔작지붕 기와집이다. 누각은 정면 4칸, 측면 1칸 규모의 2층 건물인데 누각 밑의 공간은 창고로 사용하는지 알 수 없는 물건들로 채워져 있다. 누

△ 함포재사

각 위에도 온갖 농기계들이 가득 차 있다. 앞 담은 무너지고 누각만 우뚝 솟아 있다. 어떻게 문화재를 관리하는지 이해가 되지 않는다.

　함포재사를 둘러보면서 속상함을 감출 수 없었다. 조금만 신경을 써도 보러 오는 사람들에게 이러한 모습을 보여주지 않을 텐데……. 문화재 관리에 아쉬움이 남는다. 씁쓸한 마음을 뒤로하고 야옹정(野翁亭)으로 발길을 돌렸다.

　야옹정이 있는 제곡리는 찾았지만 눈앞에 보이는 마을의 입구를 찾지 못했다. 마을 주변을 몇 바퀴 돈 후에야 할머니 한 분을 만나 길을 물어볼 수 있었다.

△ 야옹정

마을 중앙에 있는 정자 옆에 주차를 하고 기와 건물이 있는 쪽으로 걸어가다 보니 작은 정자가 나타났다. 문을 밀치고 들어가니 잡초가 무성하다.

건물 앞에 작은 돌로 '야옹정'이라는 팻말이 있다.

야옹정(野翁亭)
경상북도 유형문화재 제230호
경북 예천군 용문면 제곡리 437

이 건물은 조선 중종(中宗) 때 학자로 의흥현감(義興縣監)을 역임한 야옹(野翁) 권의(1475~1558)의 학덕(學德)을 받들기 위해 그의 아들 권심언(權審言)이 명종 21년(1566)에 세운 정자이다.

정면 4칸, 측면 3칸의 건물로 왼쪽에 6칸 대청(大廳)마루가 있고 오른쪽에는 온돌방이 놓였으며, 오른쪽 앞면 1칸에 돌출한 마루가 마련되어 있다.

대청 앞면으로 폭이 넓은 툇마루를 설치하고 난간을 돌려 건물 전면을 누각식(樓閣式)으로 꾸몄다. 대청 앞 기둥 위 공포의 장식 수법은 조선 초기에 볼 수 있는 것이고, 대들보 위의 주조재인 화반이나 대공도 고식으로 꾸며져 있다.

건물 뒷면은 일부 개조되었으나 조선 중기 이전 건축양식의 세부를 간직한 점에서 중요시되는 건물이다.

이곳이 우리가 찾던 야옹정이다. 정자인데 대청마루 오른쪽에 온돌방이 있다. 문을 열고 대청으로 들어갔다. 보호하고 있는 문화재가 맞나? 거기에는 양파를 말리고 있다. 안타까운 현실이다. 아이들은 큰 누각들만 보아오다가 작은 정자라서 실망하는 것 같다.

하지만 자세히 들여다보면 대청(大廳) 위의 대들보가 아주 크고, 화반(花盤)이 아름답다. 바쁘게 살아가는 도시 생활에서 벗어나 가끔은 조상의 향기를 맡아 보는 여유도 필요하지 않을까. 야옹 권의는 영의정으로 추증된 권사빈의 맏아들로서 안동시 도촌에서 태어나 의흥현감(義興縣監)을 하다가 만년에 둘째 아들 권심언(權審言)을 따라 이 마을에 처음으로 들어와 뿌리를 내렸다. 그의 후손이 번성하게 만든 제곡리 입향조이고, 이곳은 그의 아들이 아버지를 위해 세운 정자이다. 아이들에게 이곳 또한 우리 안동 권씨 조상의 흔적이라고 말하니 무덤덤하다. 책에서라도 본 인물이면 관심을 가질까? 나중에 어른이 되면 우리가 둘러본 곳을 떠올리며 조상을 생각하는 날이 있겠지.

야옹정을 나와 춘우재 고택으로 향했다. 아이들은 더워서 못 가겠다고 한다. 정자에서 쉬라고 하고 아내와 둘이서 둘러보기로 했다. 야옹정에서 마을을 가로질러 나오니 골목 입구에 춘우재 고택이 나왔다.

춘우재 고택(春雨齋 古宅)
경상북도 민속자료 제102호
경북 예천군 용문면 제곡리 197

▽ 춘우재 고택

이 고택은 안동(安東) 권씨(權氏) 복야공파(僕射公派) 권수홍(權守洪)의 10대손이며 제고리 입향조인 야옹(野翁) 권의(權檥)의 손자인 참봉(參奉) 춘우재(春雨齋) 권진(權晉, 1568~1620)이 1600년대 초에 세웠다. 정면 5칸, 측면 7칸의 'ㅁ'자형 안채와 정면 3칸, 측면 2칸의 사당이 평면으로 배치되어 조선시대 이 지방의 전형적인 중 상류민가의 유형을 지니고 있다.

춘우재는 나지막한 산을 배경으로 정면 5칸의

▽ 초정 권창륜선생

건물로 세워져 있다. 문 위에는 노태우 대통령의 서예선생을 하신 초정 권창륜 선생이 '춘우재고거(春雨齋古居)'라고 쓴 한문 글씨를 음각으로 새겨 놓았다.

건물 왼쪽을 보니 터가 굉장히 넓다. 그런데 정리가 잘 되지 않아 나무가 여기저기 흩어져 있다. 고가(故居)를 관리하는 게 만만치 않겠지만 좀 더 신경을 써야할 것 같다. 측면에는 만사루(晩思樓)라는 현판이 걸려 있다. 천천히 생각하라는 뜻인가? 건물 안채를 배꼼이 들여다보니 'ㅁ'자형태의 집이다. 삶의 흔적이 있는 것을 보니 사람이 거주하고 있는 것 같다. 고택 왼쪽에는 사당이 있다.

춘우재 고택을 나와 연곡고택으로 갔다. 연곡고택(延谷古宅)에는 사람이 거주하지 않는다고 한다. 이 집의 주인은 오랫동안 공직생활을 마감하고, 연곡고택을 지키기 위해 고택 근처에 집을 짓고 관리한다고 한다. 대문에서 왼쪽으로 돌아서 고택 안으로 들어갔다.

▽ 연곡고택

연곡고택(延谷古宅)
경상북도 민속자료 제103호
경북 예천군 용문면 제곡리 449

이 고택은 연곡 권성익(權聖翊)이 조선(朝鮮) 정조(正祖) 19년 (1795)에 처음 건립한 사대부가 건물이다. 권성익은 안동인으로 시조 권행(權幸)의 28대손이며 제곡마을 입향조인 야옹(野翁)의 (檥) 8세손이다 건물구조는 정면 7칸, 측면 6칸의 'ㅁ'자형 정침(正寢)과 'ㅡ'자형의 대문채 및 사랑채의 3동으로 일곽을 이루고 있다. 영남북부 지방의 전형적인 주택으로 예스러움을 느끼게 한다.

연곡고택은 건물이 잘 관리되고 있는 느낌을 받았다. 역시 건물은 사람의 정성과 훈기가 있어야 되나 보다. 잔디가 잘 깔려 있고, 온갖 꽃들로 정원을 꾸며 놓았다.

안채로 들어가기 전 왼쪽 방문 위에는 연곡서재(延谷書齋)라는 현판이 있다. 안채도 깨끗하게 관리가 되고 있다. 연곡고택 왼쪽 편에는 사당이 있다. 잘 가구어진 화단에는 패랭이꽃, 초롱꽃, 접시꽃들이 활짝 피어 갈 길 바쁜 나그네의 발길을 붙들고 있다.

15. 권산해(權山海)와 노봉서원(魯峯書院)

노봉서원을 찾아가는 길은 멀고도 험했다. 유명한 관광지가 아니다 보니 이정표도 보이지 않는다. 내비게이션만 따라갔는데 가도 가도 노봉서원이 나타나지 않는다. 예천읍 신대왕교를 지나 경북도립대학 인근에서 좌측으로 한 바퀴 돈 뒤에야 내신리 마을 입구에 다다르게 되었다. 바로 갔으면 얼마 되지 않는 거리인데 결국에는 산을 하나 넘은 것이다.

호명면 내신 2리 마을입구에 가서야 표지석이 서 있다. 앞면에

는 한문으로 '安東 權氏 世居地 (안동 권씨 세거지)'가 뒷면에는 한글로 '죽림선생, 노봉서원, 정충각, 신도비각'이 쓰여 있다. 알림판이 가리키는 방향으로 한참을 올라가니 정문 왼쪽 편에 노봉서원 사적비가, 오른쪽에는 안내판이 서 있다.

노봉서원(魯峯書院)
경상북도 문화재자료 제140호
경북 예천군 호명면 내신리 341

 이 서원은 충절을 지키다 순절한 죽림 권산해(權山海)의 절의를 본받고 후진을 양성키 위해 세운 건물이다.
 조선 정조(正祖) 18년에 처음 건립된 이 서원은 고종(高宗) 때 서원 철폐령으로 훼철되었는데, 도산(陶山) 임천(臨川)서원의 건의와 도내 유림들의 지원으로 1921년에 현 위치에 세워졌다. 선생은 단종(端宗)의 이모부로 천성이 강직하고 의를 중히 여긴 학자였는데 여러 차례 벼슬길의 부름을 사양하다가 단종이 즉위할 때 종부시 첨정으로 부임했는데 세조(世祖)의 왕위 찬탈이 일어나자 두 임금 섬기기를 거부하며 낙향했다가 사육신과 더불어 복위를 꾀하다가 뜻을 이루지 못하고 순절했다.
 정조 13년에 백년금고가 풀려 이조참판으로 복귀되고 고종 21년에 이조 판서에 추증되었으며 충민(忠愍)이란 시호가 내렸다.

 서원 안으로 들어가려니 문이 잠겨 있어 내부를 볼 수가 없다. 다리를 쭉 뻗쳐 세웠지만 내부를 자세히 볼 수가 없다. 작은아이가 낮은 오른쪽 담장을 넘으려고 하니 할머니가 야단을 치신다고 했다.

　서원에서 조금 내려오니 할머니 한 분이 집 마당에서 일을 하고 계신다.

　"서원 안을 보고 싶은데 볼 수 없나요?", "어디서 왔노?", "안동 권가인데 서원 좀 구경하러 왔는데요.", "아무나 못 들어가는데 안동 권씨라고 하이까 갈켜줘야지. 왼쪽 작은 문으로 들어가 봐라."

　할머니 말씀을 듣고 다시 돌아가 서원 옆문 자물쇠를 들어보니 잠겨 있지 않다. 우리는 그런 줄도 모르고 애를 썼던 것이다. 안으로 들어가니 '魯奉書院(노봉서원)'이란 현판이 멋있게 걸려 있다. 노봉서원 또한 다른 서원들과 같이 강학공간과 제향공간으로 나누어져 있다. 정문을 들어서면 강당이 있고 그 위에 현판이 있다. 강당에는 몽양재, 건척재, 상이당이라 양각된 현판이 걸려있다.

　아내가 여기에는 동재, 서재가 없냐고 묻는다. 그리고 보니 따로 건물을 지어 놓은 게 아니라 강당건물을 가운데 두고 'ㅡ'로 된 한 건물 안에 함께 있다. 규모가 작은 서원이라서 그럴 것이다.

△ 노봉서원 입구

△ 노봉서원 본 건물

강당 뒤쪽으로 가니 나라에서 제사를 맡아보던 전사청(典祀廳)이 있다. 문이 특이하게 창문 모양으로 되어 있다. 전사청 오른쪽으로 난 솟을대문을 지나 권산해의 위패를 모신 사당 숭의사(崇義祠)로 갔다. 사당으로 들어가는 문은 굳게 잠겨 있어 들어갈 수가 없다. 문을 똑똑 두드렸지만 대답이 없다.

△ 제사를 맡아보던 전사청

권산해 할아버지는 우리와 같은 좌윤공파라고 하자 아이들이 더 관심이 가는지 자세히 물어본다.

△ 권산해의 위패를 모신 숭의사

"음. 권산해 할아버지는 대사성을 지내신 권초의 손자이며, 권관의 맏아들로 태어나 단종 복위에 가담하여 자결한 분이란다. 세조 때 단종의 복위를 꾀하다가 사전에 발각되어 죽임을 당한 사육신(성삼문, 하위지, 이개, 유성원, 박팽년, 유응부)이나 생육신(김시습, 원호, 이맹전, 조려, 성담수, 남효온)은 잘 알고 있지? 여기에 모셔져 있는 권산해 할아버지도 사육신에 올라도 충분할 정도의 인물이란다.

권산해 할아버지는 단종의 이모부니까 조선 5대 임금인 문종과는 동서지간이 되겠지. 문종이 왕세자 시절에 세종대왕이 창덕궁녹사 주부 벼슬을 주었으나 친척이라서 벼슬을 받았다는 오해를 받을까봐 벼슬을 사양했단다. 단종이 즉위하고 나서 어린 왕을 보호하기 위해 종부시첨정(宗簿寺僉正, 종4품)이란 벼슬을 제수 받아 벼슬길에 나갔다고 하더구나. 그 후 세조가 단종을 몰아내자 성삼문 등 사육신(死六臣)과 함께 단종 복위를 꾀하다가 김질(金質)의 고변으로 발각되었어. 성상문(成三問) 등이 죽자 "내 홀로 살아서 사직을 바로잡지 못할 바에야 살아서 무엇 하리오." 하시고 조복을 갖추고 높은 집에서 투신하여 순절하셨다고 한다. 이런 분이 사육신이 되지 않으면 어떤 분이 되겠니?"

알고 있는 내용을 열심히 설명하니 역사에 관심이 많은 큰아들이 "저도 권산해 할아버지에 대해서는 책에서 본 적이 있는데 사육신과 다를 바가 없는 분이라고 했어요." 하며 어깨를 으쓱한다. 큰아이는 우리가 권산해 할아버지의 후손인 것이 자랑스럽단다.

세조가 즉위하고 단종을 노산군(魯山君)으로 봉했는데 노봉서원이란 이름은 아마 단종을 숭상한다는 뜻에서 선비들이 지은 듯하다. 이 서원을 세울 때 흰 까치가 날아와 며칠간 울고 갔다고 한다. 이는 단종을 위해 목숨을 바친 권산해가 죽어서도 그를 잊지 못하고 왕위를 복위하지 못한 한이 남아서 왔던 게 아닐까? 단종을 향한 충절을 선비들은 알고 본받고 싶었던 모양이다.

노봉서원에서 마을입구 쪽으로 조금 내려오니 1791년 정려가 내려져 입각한 정충각(旌忠閣)이 세워져 있다. 정충각에는 죽림권선생신도비(竹林權先生神道碑)와 신도비각(神道碑閣), 죽림권선생정충각(竹林權先生旌忠閣)이 세워져 있다. 신도비와 신도비각에는 예천군 지보면 신풍2리 피악골(1852년 세워짐)에 있는 묘 밑에

있던 것을 자손이 살고 있는 예천군 호명면 내신리 지후촌 호장곡 노봉서원 앞으로 2004년 5월에 옮겼다는 내용이 쓰여 있다. 정충각에도 정충각이 세워진 경위와 이곳으로 옮겨진 사정을 써 놓았다.

돌아나오는 길에 서원을 바라보니 낮은 산의 소나무들이 양팔로 싸안듯이 하고 있다. 우리 옆의 고목은 서원의 내력을 아는 듯 긴 그림자를 드리우고 있다.

16. 시습재(時習齋)가 있는 가일마을

같은 성씨(姓氏)를 가진 사람들끼리 모여 사는 집성촌을 아직도 우리 주변에서 종종 볼 수 있다. 안동 권씨 중에서 복야공파 일가가 500여 년간 살아온 가일마을은 그 중 하나이다.

가일마을에 가려고 풍산읍에서 하회마을 방면으로 4분 정도를 달리니 오른쪽에 표지석이 나왔다. 작은 오솔길 같은 포장길을 올라가면 마을이다.

마을 입구에 주차를 하고 마을 전경을 바라보았다. 전형적인 명당자리라고 하더니 정말 편안한 느낌을 주는 마을이다. 마을 뒤에 있는 산이 정산(井山)이라고 하는데, 정산의 세 봉우리가 학이 날개를 접고 둥지에 앉는 형상이란다. 왼쪽 긴 능선이 학의 부리가 되는 셈이다. 정면으로 보이는 능선에 묘가 있다. 이 마을 입향조 권항의 묘라고 한다. 마을 입구에 넓은 저수지가 자리하고 있다. 마을의 기운이 새는 것을 막기 위해 일부러 이곳에 조성한 것이다. 다시 한번 보니 내가 살았던 곳처럼 정다워 보이는

△ 시습재 앞 회화나무

마을이다. 입구에 있는 저수지와 어울려 배산임수를 갖춘 길지(吉地)임에 틀림없다.

저수지 옆 버드나무는 오래된 이 마을의 역사를 말해주는 것 같다. 수없이 뻗은 가지들처럼 한 뿌리에서 난 후손들이 번창하고 있다는 표시이리라. 버드나무 옆에는 가일마을 문화유적을 알려주는 안내도가 있다. 마을 전체를 둘러보아야겠다는 생각이 든다.

이 마을에서 제일 먼저 찾은 곳은 마을 중앙에 있는 시습재이다. 시습재 문 앞에는 200년이 되었다는 회화나무가 우리를 반겨준다.

안동 시습재(安東 時習齋)
경상북도 문화재자료 제370호
경북 안동시 풍천면 가곡리

이 집은 화산(花山) 권주(權柱, 1457~1505) 의 고택이다. 이 집의 건립 시기는 정확히 알 수 없으나, 현재의 건물은 19세기 중엽에 후손들에 의해 중건된 것으로 전한다.

권주는 도승지(都承旨)와 경상도 관찰사(觀察使)를 지냈다. 그러나 조선 연산군(燕山君) 11년(1505)에 갑자사화(甲子士禍)에 연루되어 세상을 떠났다. 이 때 가족들은 예천(醴泉)으로 이주하여 빈 집으로 방치되었으나 18세기 중엽에 후손들이 들어와 다시 살았다고 전한다.

건물은 드넓은 풍산들을 바라보면서 정산(井山) 기슭에 자리 잡고 있다. 500여 평의 대지 위에 세워진 6칸 대청의 큰 가옥이다. 'ㅁ'자형 안채와 북쪽에 담장으로 별도로 구획된 사당이 있다. 약 60년 전에 대문간 오른쪽에 있던 사랑채를 철거했다고 전한다. 최근에 보수가 이루어졌고, 보물 제549호로 지정된 권주 종손가 문서(權柱 宗孫家 文書)와 보물 제1002호로 지정된 권주 종손가 문적(文籍)이 보관되어 있다.

자갈이 곱게 깔려 있는 마당에 주차를 하고 시습재 안내판을 보고 있는데 주인어른이 우리 소리를 듣고 방에서 나와 어떻게 왔냐고 물으신다. 안동권가라서 한번 둘러보러 왔다고 하니 환한 미소를 지으며 반가워하신다.

권종만씨는 가일마을 입향조 권항의 19대손으로 마산에서 살

△ 시습재 현판

다가 2005년 귀향하여 지금 고택을 보존하고 있다고 하며 가일마을의 역사적인 이야기를 자세히 들려주었다. 권종만씨는 시습재 불천위(不遷位) 사당에 대해 대단한 자부심을 가지고 있었다. 불천위는 벼슬의 높고 낮음에 관계없이 살아 있을 때의 훌륭한 업적에 따라 왕이나 유림의 추대로 주어지는 것으로 자손 대대로 제사를 지내게 되는 것을 말한다. 보통 증조할아버지까지 제사를 지내지만 불천위가 되면 평생 자손 대대로 제사를 지내니까 본인에게는 영광이 아닐 수 없다는 것이다. 시습재 사당에 모셔진 불천위는 권구(權 矩, 1672~1749)이다.

사당 안에는 퇴계 이황이 직접 쓴 선원강당이라는 현판이 있다고 한다. 화산이 공부하던 자리를 기념하기 위하여 후손이 지었단다. 현판은 아무 때나 볼 수 있는 게 아니라 특별한 경우에만 공개가 된다고 하니 때를 기다려야 하나보다.

서서 설명을 해주던 권종만씨는 대청마루에 앉으라고 권한다. 이황 선생이 어떻게 현판을 쓰게 되었냐고 여쭈어보니 우리 안동 권씨 집안의 사위이기

△ 시습재의 사당

때문이라고 자세히 설명을 해주신다.

연산군 시절 권질이 신사무옥(辛巳誣獄)으로 9년째 예안에서 귀양살이를 하고 있었는데 과년한 딸을 시집보내야 하는 걱정 때문에 고민하다가, 이황에게 자신의 딸을 부탁하였다는 것이다.

권질은 이황에게 "자네는 내 집 일을 잘 알고 있지 않은가? 집안의 참극으로 정신이 혼미해진 내 여식(女息)을 누가 데려가겠는가? 아무리 생각을 해보아도 자네 밖에는 없으니 처녀를 면하도록 하여 이 죄인의 원을 풀어주게나." 하고 자신의 딸을 부탁하게 되어 이황이 안동 권씨 집안의 사위가 되었다는 이야기였다.

그때 당시 권질의 아버지인 권주는 연산군의 어머니인 폐비 윤씨에게 사약을 가지고 갔다는 이유로 화를 입고, 그의 아들인 권질은 귀양을 갔으며, 권질의 동생은 비참하게 죽었고, 그의 아내는 관비로 끌려가 그의 딸이 정신이 혼미한 상태였다고 한다. 그런 부인을 아내로 맞이한 이황은 인격적으로도 대단한 분이라는 생각이 든다.

이 사당 안에는 퇴계의 현판 외에도 이황이 63세(1563)때 외조부 산소에 성묘를 가는 길에 처조부와 장인어른의 묘소를 찾아뵙고 각각을 향한 그리운 마음을 노래한 시가 있는데, 얼마 전 돌아가신 퇴계 15대 종손 이동은 선생이 써놓은 글씨가 있다고 한다.

안동 권씨들이 사는 7대 동안 이곳에 금부도사가 세 번이나 찾아왔던 일과 권오설을 비롯한 사회주의 독립 운동가들의 이야기를 시간가는 줄 모를 정도로 열심히 이야기해 주었다.

마루 옆의 방 앞에 있는 '時習齋(시습재)'란 이름의 현판에 대해 물으니 〈논어〉의 '학이시습지 불역열호(學而時習之 不亦說乎, 배우고 때때로 익히면 또한 기쁘지 아니한가.)'라는 구절에서 따온 것이란다. 권종만씨와 한참 이야기를 하다가 문득 마루 벽에 있는 글귀가 눈에 들어온다. 읽어 보니 참 인상적이다. '賢人處世能三省 君子立身有九思(현인처세능삼성 군자입신유구사)', '현인은 처세를 향해 능히 3번을 반성하고, 군자는 입신함에 9번을 생각해야 한다.'는 뜻을 가지고 있다. 깊이 새겨볼 글귀인 것 같다.

이런 저런 이야기를 하다 보니 해가 서산으로 넘어가고 있다. 너무 많은 시간을 뺏는 것 같아

▽ 수곡종택

일어서려고 하니 부인이 자식을 보러 서울에 갔다고 하며 음료수를 내어온다. 일가의 따뜻한 환대에 고향에 온 듯한 느낌이다. 마을을 둘러보고 오겠노라고 하며 시습재를 나와 수곡종택(樹谷宗宅)으로 갔다.

수곡종택은 후손이 없어 현재는 건물만 덩그러니 남아있는데 문이 굳게 잠겨 있어서 들어가 볼 수가 없다. 후손이 들어와 살면서 집을 관리하면 얼마나 좋을까? 가장 바람직한 문화재 보존 방법일 것이다. 바깥에서 잠깐 보는 것으로 만족할 수밖에 없을 것 같다. 수곡종택 앞에 안내판에는 이렇게 쓰여 있다.

> 가일 수곡종택(佳日 樹谷宗宅)
> 중요민속자료 제176호
> 경북 안동시 풍천면 가곡리
>
> 이 건물은 조선 정조(正祖) 16년(1792)에 권조(權眺)가 조부 권보(權補)의 유덕을 추모하기 위해 세운 고택이다. 'ㄷ'자형의 안채와 'ㅡ'자형의 사랑채, 'ㅡ'자형의 별당채와 문간채가 있다.
> 안채는 4칸인데 이 중에 2칸은 전면이 개방된 안대청이고 왼쪽 2칸은 안방이다. 사랑채는 8칸으로서 4칸은 큰 사랑방이고 왼쪽의 4칸은 작은사랑방과 마루방으로 되어 있다.
> 별당인 일지재(一枝齋)는 학문연구와 후진양성을 위해 마련된 곳이다. 1990년부터 1992년까지 3년간에 걸쳐 일지재를 비롯하여 안채를 보수하였다.

수곡 권보의 덕을 기리기 위해 지은 수곡종택은 일제강점기 시절 군자금 모금을 통해 독립운동을 했던 우암 권준희가 살았던

△ 야유당

곳이며, 손자인 독립운동가 권오상이 태어난 곳이기도 하다. 이 집은 본채와 사랑채가 분리돼 있는데, 사랑채는 작은 사랑채와 큰 사랑채로 나누어져 있는 것이 특징이며 대가족이 살았다고 한다. 이렇게 한 집에 세 가구가 있는 형태를 짓게 된 것은 집안이 어려워서 집을 팔 경우에 집 모두를 팔게 되는 것을 막고자 함이라고 한다. 수곡종택을 지나 조금 더 가니 야유당이 나왔다.

　야유당은 수곡종택과 남천고택 사이에 있는 고택이다. 양반가옥이라고 하는데, 한쪽은 초가지붕을 또 다른 쪽은 기와지붕으로 해놓은 게 참 신기하다. 초가지붕으로 된 방은 머슴이 머물던 곳인가? 할아버지와 할머니 두 분이 살고 계셨는데 이곳에서도 마을에 대한 여러 가지를 들을 수 있었다. 할아버지는 불편한 몸으로도 더 많은 이야기를 들려주고 싶어하셨다. 할머니는 같은 종씨라고 반갑다며 마당의 텃밭에서 파를 뽑아 주신다. 고향의 인심을 받는 것 같아 기쁜 마음으로 받았다.

　다양한 모양의 돌담길을 지나 남천고택(南天古宅)으로 갔다. 남천고택은 길에서 담장 길을 조금 더 들어가야만 볼 수 있다. 들어가는 입구에 기왓장에 '권장'이라는 이름을 파서 만든 특이한 문패가 있다.

남천고택은 문화재자료 324호로 권장(1802~1874)이 셋째 아들 권숙의 살림집으로 지은 집이다. 조선 철종 1년(1850)에 세웠고 권숙의 호를 따라 '남천고택'이라고 부른다. 앞면 6칸, 옆면 6칸 규모의 기와집으로 튼 'ㅁ'자형 구조이다. 안채에는 벽장이 있어 19세기 전통 주택의 변화과정을 보여 주고 있으며, 사랑채는 후학양성을 위한 서당 기능을 갖고 있어 특이하다.

정원에 연꽃도 있고 물고기도 노는 예쁜 연못이 있는 아름다운 집이라고 하는데, 너무 늦은 시간인 것 같아 들어가지는 않고 바깥에서만 보고 시습재로 발길을 돌렸다. 이 집 자손 중 훌륭한 분으로는 권오설을 따라 6.10만세 운동에 가담했다가 구속되어 1927년 순국한 권오운이 있다.

마을 전체의 고택이 열네 채(그 외에 일감당, 동곡재사, 노동서사, 근와서재 등)가 있다고 하는데 시간이 없어 다 돌아볼 수는 없는 아쉬움을 남겼다.

다시 차가 있는 시습재로 돌아오니 권종만씨가 고추와 가지 등을 싸 주신다. 넉넉한 인심에 몸둘 바를 모르겠다. 고향 가는 길에 다시 들르겠다고 하고

▽ 노동서사

△ 시습재

가일마을을 나왔다.

　돌아 나오는 길에 마을입구에 있는 권오설선생 유적비를 둘러보았다. 권오설선생은 3·1운동 당시 광주에서 시위운동을 주도하였던 사회주의 독립운동가로 2005년 삼일절에 건국훈장독립장이 추서되었던 분이다. 그의 영향으로 이곳 가일 마을은 20여 명이 넘는 사회주의 독립 운동가를 배출하여 전국에서 가장 많은 독립 운동가를 배출한 마을이 되었다. 그런 만큼 해방 이후 이 마을은 많은 고통을 안고 살아왔던 마을이기도 하다.
　가일마을을 떠나면서 우리 가족도 이 마을에 살고 싶다는 생각을 해 보았다. 나지막한 산과 오래된 노송들이 어우러진 그림 같은 풍경이 있는 마을에서 살아보는 것도 괜찮을 것 같은데 현재의 우리 삶이 그런 것을 허락하지 않는다. 넉넉한 인심과 세월 따라 켜켜이 쌓아올려진 돌담과 그 길을 따라 걸었던 발걸음은 말 그대로 조선시대로 떠났던 시간 여행이었다.

17. 권위(權暐)와 도계서원(道溪書院)

능동재사가 있는 서후면에서 도계서원이 있는 북후면 도기촌을 찾는데 한참을 헤매었다. 인접한 면인데 길을 잘못 들어서서 안동 시내 쪽으로 달리고 있었다. 길옆의 음식점에서 길을 물어서야 안동 권씨 집성촌인 도촌마을로 들어 설 수가 있었다.

작은 다리를 지나자 오른쪽에 고택이 보인다. 이내 도계서원임을 알 수가 있다. 좁은 농로를 따라 들어가 보니 도계서원(道溪書院)과 만대헌(晩對軒)이다.

도계서원이 있는 도기촌에는 조선조 이조좌랑을 지낸 정약(鄭若)이 살았는데, 1472년에 그의 외손자인 권사빈(權士彬)이 이곳에 살게 되면서부터 안동 권씨와 인연을 갖게 되었다.

조선조에 한성판윤, 병조판서, 우찬성 등 여러 벼슬을 거친 그의 둘째 아들 권벌(權橃)이 이곳에서 태어나 봉화의 닭실마을로 옮겨 갔고, 그의 맏아들인 권의(權檥, 의흥현감)가 8남 1녀를 두어 이곳에 눌러 살면서 안동 권씨 집성촌이 되었다. 특히 그의 아들 8형제 중에 여섯째 아들인 권심행의 둘째 아들인 권위(權暐)가 도계서원에 배향된 인물이다.

도계서원 왼쪽에 안내판이 서 있다.

도계서원(道溪書院)
경북 안동시 북후면 도촌리

숙종 13년(1687) 옥봉공을 제향하기 위하여 세운 서원이다. 처음에는 이 마을 서쪽에 이사(里祠)로 지었으나 1687년 대원군의 서원철폐령으로 훼철(毁撤)되었다. 그 후 사림에서 의논하여 서원으로 승격하여 1928년 옥봉공이 거처하던 만대헌 옛 터에 새로 지었다. 1991년 봄에 후손들이 힘을 합쳐 묘우인 모현사(慕賢祠)와 강당인 명륜당(明倫堂)을 새로 수리하고, 동재인 상의재(尙毅齋)와 홍도문(弘道門), 주사(廚舍) 등을 새로 고쳐지었다.

△ 도계서원의 정문인 홍도문

도계서원 정문은 '홍도문(弘道門)'이라는 이름을 가진 솟을대문이다.

그곳으로 들어서니 '道溪書院(도계서원)' 현판이 걸려 있는 작은 건물이 보인다. 강당인 명륜당은 정면 4칸, 측면 2칸 규모로 중앙의 마루와 양쪽 협실로 되어 있다. 명륜당은 원내의 여러 행사와 유림들이 회합하는 장소로 쓰였으며 동쪽에 있는 방은 헌관실로, 서쪽 방은 재석 및 별유사의 방으로 사용되고 있다.

동재인 상의재(尙義齋)는 유생들이 기거하면서

△ 도계서원의 본 건물

공부하는 장소인데, 정면 3칸, 측면 1칸 규모이며 지붕의 형식은 팔작지붕이다.

본채 건물의 오른쪽 뒤편에는 권위의 위패를 모신 사당인 모현사(慕賢祠)가 있다. 정면 3칸, 측면 2칸의 규모로 맞배지붕에 풍판이 설치되어 있다.

이곳에 배향되어 있는 권위(1552년~1616년)는 고려조 예의판서 권인의 후손이며, 권심행의 아들이다. 학봉 김성일, 유일재, 김언기, 월천 조목의 문하에서 학문을 닦았으며 약관의 나이에 동당시 별시에 합격하였고, 1601년(선조 34년) 문과에 급제하였다. 관직은 전적, 공조좌랑을 거쳐 호조좌

▽ 권위의 위패를 모신 사당인 모현사

랑, 예조좌랑에 이르렀으며 뒤에 형조, 예조정랑에 임명되었으나 나아가지 않았다. 동경교수로 후진 양성에 힘썼으며 문집 2책이 전해지고 있다.

　이곳저곳을 둘러보고 있는데 마을 어르신이 들어와서 의심스런 눈초리로 본다. 안동권가이며 후손으로서 유적지를 둘러보고 있다고 하자 몇 세손이냐고 묻는다. 39세라고 하니까 그분은 38세 권동일이라고 하며 그때서야 의심의 눈초리를 푼다. 요즘 들어 건물에 있는 물건들을 도둑질해가는 사람들이 있어서 왔다고 한다. 얼마 전에는 제기를 도둑맞아 새로 샀고 그 전에는 한쪽에 쌓아두었던 기왓장도 모두 도둑맞았다는 것이다. 그러고 보니 자물쇠가 끊어진 채 문짝 밑에 나동그라져 있다. 만대헌의 현판도 진품은 국학진흥원에서 보관하고 있고 지금 걸려 있는 것은 모조품이라고 한다. 보호해야할 문화재인데도 옛 물건이라면 돈이 된다는 생각에 마구 훔쳐가는 몰지각한 사람들이 있나보다. 오른쪽 건물에 관리인이 거주하고 있었는데 오래전에 그만두어 지키는 사람이 없다고 한다. 소중한 문화재를 도둑질해 가는 것도 문제고, 이런 문화재를 관리하는 인원이 없는 것도 문제인 것 같다.
　서원 왼쪽에는 만대헌(晩對軒)이 있다.

　　　안동 만대헌(安東晩對軒)
　　　경상북도 유형문화재 제267호
　　　경북 안동시 북후면 도촌리

　이 건물은 옥봉(玉峯) 권위(權暐, 1552~1630)가 40세 되던

해인 조선 선조(宣祖) 24년(1591)에 수학과 강학을 위해 지은 것이다. 옥봉 권위는 선조 34년에 문과에 급제하고 예조와 호조의 정랑을 역임하신 분이다.

이 건물은 전체 'ㄱ'자형 구조로 왼쪽에 온돌방을 두고 오른쪽에 우물마루를 두었다. 온돌방은 2칸이 있으며 그 뒷면에는 빛이 들어올 수 있도록 창을 설치하였다. 온돌방 지붕은 홑처마에 팔작지붕이다.

△ 수학과 강학을 위해 건립한 만대헌

만대헌 마루에 걸터앉아 있으니 선비들의 글 읽는 소리가 들리는 듯하다. 그 옛날에는 이곳도 공부하는 유생들로 가득했을 테이지만 지금은 기어가는 개미소리도 들릴 정도로 조용한 가운데 그 때를 상상해볼 뿐이다. 흔적이라도 남아있기 때문에.

만대헌 앞쪽에는 임계계회유적비가 세워져 있다. 어르신은 최근에(2009년) 'KBS TV쇼-진품명품'에서 임계계회도(壬癸契會圖)가 1억 5천만 원짜리 진품으로 감정이 나와 화제를 모았다고 이야기해 준다.

임계계회도는 안동부(安東府)에 거주하던 권위(權暐. 1552~1630)를 비롯하여, 11명의 선비들이 광

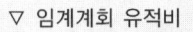
▽ 임계계회 유적비

해군 5년(1613) 안동 학가산 광흥사(廣興寺)에서 가진 계모임을 기념한 그림으로 계모임 참석자 11명이 모두 나눠가졌으며, 한편 임계회는 첫 계모임에 참석했던 후손이 대대로 명맥을 이어오고 있다고 한다.

만대헌을 나와 도계서원 옆에 있는 도촌문중종택(道村門中宗宅)으로 갔다. 이곳은 안동 권씨 도촌파 문중선조인 가립(可立) 권심행(權審行, 1517~1579)이 건립한 종택으로 6.25사변 때 소실된 것을 1948년에 다시 지금처럼 지은 건물이다. 철로 된 문이 고택과 어울리지 않는다. 대문을 들어서면 아주 넓은 바깥마당이 있다. 종택 건물은 'ㅁ'자형 건물로 되어 있다. 이 종택을 건립한 권심행은 권희(權暳), 권위(權暐), 권오(權晤), 권호(權皞) 네 아들을 두었고, 그의 자손들이 이곳에서 집성촌을 이루며 살아오고 있다.

안동시 북후면 두산리 649에는 그의 묘소와 경상북도문화재자료 제323호 지정되어 있는 안동 권씨 말산재사(安東 權氏 末山齋舍)가 있다.

도촌문중종택은 지금도 살고

▽ 도촌문중종택

있는 듯 깨끗한 느낌을 준다. 집 주위에는 감나무, 은행나무 등을 심어 놓았고, 마당에는 잔디를 깔아놓았다. 하지만 이곳의 종손은 서울에 거주한다고 한다.

어르신은 도촌문중종택 뒤쪽에 있는 오선정(五先亭)으로 우리를 안내해준다. 최근에 시의 지원을 받아 깨끗하게 보수 되었다며 뿌듯해 한다. 오선정은 권사빈(權士彬)과 권의, 권벌, 권예, 권장 등 도계촌의 5부자를 추모하기 위하여 1955년 자손들이 정자를 건립한 것이다. 오선정에서 멀지 않는 거리에 권심행의 4남 권호가 지은 금오정(琴梧亭)이 보인다.

오선정을 나와서 마을을 떠나려고 하니 어르신이 집에 가서 차 한잔 마시고 가라고 하신다. 예기치 못한 환대에 고마움을 느끼며 어르신 집에 들러 여러 가지 마을에 대한 이야기를 들었다. 어디를 가도 따뜻하게 맞아주는 일가가 있어서 행복함을 느낀다. 이것이 서로 끌어당기는 끈끈한 핏줄인가?

훈훈한 정을 느끼며 돌아오는 길에서 권위(權暐)가 동경교수(東京教授) 시절 유생(儒生)들에게 훈계한 말을 떠올려본다.

"선비는 스스로 도학(道學)의 공부가 있으니 과거(科擧)에 집착하여 물욕에 마음을 빼앗기지 말라."

18. 권호문(權好文)과 관물당(觀物堂)

능동재사를 둘러보고 돌아 나오며 초입에 보았던 관물당 표지판을 찾았다. 왼쪽 편에 '관물당(문화재 자료 제31호)'이라는 간판이 있고 오른쪽에는 '교리(솔밤)'의 큰 표지석과 그 뒤에는 그

보다 작게 '權攇公 壇所', '彰烈書院'라는 표지석이 나란히 서 있다. 오른쪽의 좁은 길로 들어서서 조금 오르니 산등성이에 큰 고택이 보인다. '彰烈書院(창열서원)'이라는 현판이 걸려 있다. 이곳에는 안내판도 없어서 누구를 배향한 서원인지 알지 못했다. 집에 돌아와서 찾아보고야 이곳이 단종 때 사육신인 단계(丹溪) 하위지(河緯地)를 모신 서원이라는 것을 알 수 있었다.

창열서원을 보고 난 후 다시 왔던 길을 돌아나와 오른쪽으로 난 좁은 농로 길을 700m 정도 가니 송암구택(松嚴舊宅)이 보인다. 집 앞에 차를 주차하니 앞집에서 할머니 한 분이 나오셔서 어떻게 왔는지 물으셨다. 안동 권씨 유적을 보러왔다고 하니 나에게 복이 많이 있어 보인다고 하신다. 칭찬처럼 들려서 기분이 좋다. 할머니는 안동시내에 사는데 좋은 공기를 마시러 왔다고 하며 권씨 집안의 종갓집이니까 둘러보라고 하신다.

권호문은 산마루의 바위 위에 집을 지었는데 주변에 소나무가 많아 송암이라 하였다. 먼저 눈에 들어오는 건물은 관물당 앞에 있는 한서재이다. 1500년 초에 지었다고 하는데 보수가 되지 않아 기왓장이 무너지고 있다. 하루빨리 보수를 했으면 하는 마음 간절하다. 한서재(寒棲齋)는 송암구택의 중심을 이루는 건물로 권호문이 주자(朱子)가 무이정사(武夷精舍) 안에 두었던 한서관(寒棲館)을 본뜬 것이다. 이황도 안동 퇴계의 서쪽에 한서재를 지은 바 있다.

권호문은 아름다운 땅에 한가하게 사는 것만으로 만족하지 못하고 1569년 집을 하나 더 지었다. 처음에는 시를 읊조리고 술을

△ 관물당과 한서재

마실 풍류의 공간으로 장만한 것인데 그 이름을 '관아재'와 '집경당'이라 하여 마음이 풀어지지 않도록 경계하였다. 당호(堂號)와 추구하는 삶이 다소간 어긋나기에 스승 이황이 이를 합일시켜 관물당이라 이름을 바꾸어주었다.

'관물'은 소강절의 말로 개인의 편협된 마음으로 사물을 보지 말고 사물의 마음으로 사물을 바라보며 나아가 만물에 구비되어 있는 이(理)로써 사물을 바라보라는 뜻이다. 개울과 산을 즐기되 거기에 내재된 이치를 살피고 이를 수양의 바탕으로 삼으라는 뜻을 말한 것이다.

관물당 마루에 앉아서 나는 사물을 어떻게 바라보는지 잠시 생각해본다. 기분에 따라서 사물도 달리 보이는 것이 아닐까? 지금 보고 있는 이 건물도 무심코 지나쳤다면 좀 오래된 고택에 불과하다고 여기겠지만 관심을 기울여 들여다보니 이름 하나에도 뜻이 담겨있다는 것을 알 수 있고 학문을 가르치던 곳이었기에 많은 유생들이 글을 읽는 모습도 상상해 볼 수 있는 것이다.

대문 오른쪽에 있는 안내판을 보았다.

> 관물당(觀物堂)
> 경상북도 문화재자료 제31호
> 경북 안동시 서후면 교리
>
>   이 건물은 조선 선조 2년(1569) 퇴계 이황(李滉)의 제자로서 강호고사(江湖高士)로 알려진 송암(松巖) 권호문(權好文)이 건립하여 학문을 강론하던 곳이다. 관물당은 보통 '숏밤종택'(松夜宗宅)으로 불리는 주택 안에 있다.
>   건물의 평면은 '一'자형인데 비해 지반의 이음새는 '丁'자형으로 되어 있고, 지붕 좌측은 남북으로 뱃집이다. 우측은 팔작 지붕이다.
>   현재 관물당에는 퇴계(退溪) 이황(李滉)이 준 '기제관물당(寄題觀物堂)'이라는 시(詩)를 비롯하여 기문(記文)과 당시 유명한 시인들의 시가 걸려 있다.

'觀物堂(관물당)'은 송암종택의 별당 역할을 하는 정자다. 종택의 사랑채의 왼쪽 앞에 위치하고 있다. 건물의 크기는 정면 3칸, 측면 2칸이다. 정자에는 누마루나 난간이 없으며 왼쪽 협칸은 온돌방이고 오른쪽 협칸은 마루로 꾸며져 있다.
   건물의 평면은 '一'자형이나 지붕은 'T'자형을 이루고 있는

특이한 구조이다. 안쪽 문 위에는
『관물당기(觀物堂記)』를 비롯한 한
시(漢詩)를 적은 현판들이 있다.

관물당에 대해서 『관물당기』에
는 '반(半)은 따스한 방으로 만들
고, 반은 시원한 마루를 만들어 구
석진 벽에는 책을 저장하고 전면의
빈 곳은 난간을 둘렀더니 융통성이 있어 시인묵객
이 거처할 만하다'고 한 것으로 봐서 창건 이후
여러 번 중수를 거치면서 구조가 변경된 것으로
여겨진다.

△ 송암구택의 별당인 관물당

정문은 솟을대문으로 되어 있는데 그 규모가
크다. 양쪽 옆에는 방으로 구성되어 있다. 지대가
높아서인지 솟을대문이 웅장하게 보인다. 마치 집
의 위엄을 나타내는 것 같다.

▽ 권호문의 종택인 송암구택

솟을대문을 들어서니 건물 중앙에 '松巖舊宅(송암구택)' 현판이 걸려 있다. 이곳이 송암 권호문(權好文, 1532~1587)의 종택임을 증명해주는 글자이다. 집을 한 바퀴 둘러보니 안동의 양반 가옥의 전형적인 특징인 'ㅁ'자형의 남향집이다.

이 집의 주인인 권호문은 약관의 나이에 이황의 제자가 되었다. 사마시에 합격하였으나, 33세에 어머니를 여의고 탄식하기를 "뜻을 굽히고 과거를 본 것은 어머니가 계셨기 때문이었지만, 지금은 무엇 때문에 과거에 응시하겠는가?"라고 하였다.

이황은 권호문에게 보낸 편지에서 "과거하는 일은 이미 억지로 할 수 없는 것이니 일찍이 여기에 대해 판단을 내려 자기의 좋아하는 바를 따르는 것이 옳을 것이다. 마음먹기를 평소부터 이같이 한다니 심히 선하고 심히 아름답다."고 하였다.

정탁과 구봉령 등이 여러 번 관직에 추천하였으나, 권호문은 『한거록(閒居錄)』을 내보이며 은거하려는 뜻을 나타내었다.

김성일(金誠一, 경상우도관찰사 겸 순찰사)은 "노선생(퇴계)의 고요하고 묵묵하며, 온화하고 아담한 기상을 오직 그만이 간직하고 있다" 하였고 류성룡(柳成龍, 영의정)도 '백세의 사표'라고 칭송하였다. 평생 청성산에 살면서 후학을 가르쳤다. 집의 남쪽에 산봉우리가 우뚝 솟아있는데 송암(松巖)이라 하였다. 권호문은 이곳에 한서재(寒棲齋)를 지었다. 문인으로는 정연(鄭淵)과 안여옥(安汝沃)이 있다. 선조 20년(1587)에 솔밤 관물당에서 죽었으며, 선조 41년(1608)에 사림에서 청성산 아래 청성서원(靑城書院)을 세우고 배향하였다. 권호문은 송암집(松巖集)에 경기체가인 '독락

팔곡(獨樂八曲)'과 연시조 '한거십팔곡(閑居十八曲)' 등을 남겼다.

관물당을 내려오면서 자연 속에서 묻혀 사는 즐거움을 노래한 '독락팔곡'을 생각해 보았다.

19. 권인(權靷)과 송파재사(松坡齋舍)

호랑이는 죽어서 가죽을 남기고 사람은 죽어서 이름을 남긴다고 한다. 죽어서 후손으로부터 더욱 받들어지는 사람은 가문을 일으키고 널리 알린 조상일 것이다. 고려 예의판서(禮儀判書, 예의사의 으뜸 벼슬. 품계는 정삼품)를 지낸 권인(權靷)이 그런 사람이 아닐까? 안동시 서후면 교리에 가면

▽ 신도비각

권인을 모시기 위한 송파재사가 있다.

관물당(觀物堂)에서 내려오다가 길이 갈라지는 곳에서 오른쪽으로 들어서니 안동 권씨 복야공 신도비각이 보인다.

신도비각 오른쪽 돌담 앞의 대리석에는 이 신도비각을 세울 때 성금을 낸 사람들의 명단이 적혀 있다. 신도비각은 돌담으로 둘러져 있고 신도비각으로 들어가는 문에는 솟을대문이 세워져 있다. 돌담 안에 신도비를 보호하기 위해 비각이 세워져 있다. 신도비에는 '朝奉大夫禮儀判書權公神道碑(조봉대부예의판서권공신도비)'라는 글씨가 적혀 있다.

신도비를 지나면 송파재사 건물이 한 눈에 들어온다. 먼저 우리를 맞이하는 것은 개떼들이다. 컹컹거리는 소리에 화들짝 놀라며 조심스럽게 들어갔다.

    안동 권씨 송파재사(安東 權氏 松坡齋舍)
    경상북도 유형문화재 제326호
    경북 안동시 서후면 교리 201

고려 예의판서를 지낸 권인(權靷)공의 묘소를 보호하고 제사를 받들기 위해 마련한 재사다. 이 재사에는 '송파재사'라는 현판과 13세손 범조(範祖)가 쓴 중창기, 18세손 정일(正鎰)이 쓴 중수기와 비각기(碑閣記)가 게판 되어 있다. 예의판서공의 묘소는 서후면 송야촌에 손향(巽向)으로 자리잡고 있는데, '鳳飛騰空(봉황새가 창공으로 날아오르는 형국)'으로 명당이라 일컬어진다. 묘전에는 11세손 승서(承緖)가 세운 작은 비가 서 있고, 재사 우측에는 18세손 상규(相圭)가 지은 신도비가 비각 안에 세워져 있다. 신도비는 '조봉대부예의판서권공신도비(朝奉大夫禮

儀判書權公神道碑)'라고 전면에 적혀 있다. 묘소에서 약 1km 떨어진 대석촌(평촌마을)에는 공의 유허비가 세워져 있는데, 이는 공이 이곳 출생임을 증명하는 자료가 된다. 입구자형 목조 와가다.

송파재사는 야산을 배경으로 하고 동남향으로 앞쪽의 송야천(松野川)을 바로보고 있다. 맨 앞쪽 대문채의 양끝이 한 칸씩 돌출되어 있는 'ㅁ'자형 목조기와집이다. 대문을 열고 들어서니 '松坡齋舍(송파재사)'라는 현판이 중앙에 걸려 있다. 본채 건물 왼쪽과 오른쪽에 각기 좌, 우익사(左, 右翼舍)가 배치되어 있다.

이 건물은 조선 영조 19년(1743)에 8칸 기와집으로 지어 사용해오다가, 영조 22년(1746)에 초가 4칸을 더 넓혔으나 이도 역시 조금 좁다고 생각하여 영조 24년(1748)에 지금과 같은 모습으로 고쳐지었다고 한다.

언뜻 보기에는 양옥집 가옥과 비슷한 느낌이다. 그래서인지 지금도 후손이 살고 있다. 이곳에서는 그동안 수많은 조상들이 제사를 지내기 위해 모여 잠을 잤고, 또한 제사 준비를 했을 것이다.

송파재사 뒤쪽에 자리잡은 복야공 단소(僕射公 壇所)로 올라갔다. 복야공 단소에는 망주석과 석물(문인석), 석등, 상석, 비석 등이 묘소 앞에 자리잡고 있다. 묘의 둘레와 뒤편에도 요즘에 만든 돌로 깨끗하게 정리해 놓았다. 조상의 덕을 업고 사는 후손들의 마음을 알 것 같다. 이 묘소의 위치는 봉황새가 창공으로 날아오르는 형국인 봉비등공(鳳飛騰空)으로 보기 드문 명당이란다.

복야공파의 시조인 권인은 고려 말의 문신으로서 문과에 장원으로 급제한 후 벼슬길에 나아가 예의판서에 이르렀다. 고려가 망하자 조선왕조에서는 한성부윤으로 불렀으나 나아가지 않고 절의를 지키며 고향인 송야촌(松夜村)에서 은둔생활을 했다. 사는 곳의 지명을 松坡(송파)라 고쳤는데, 이는 고려의 수도인 송경(松京)을 염두에 둔 것이라 한다. 현재 안동을 중심으로 한 북부지역에 거주하는 복야공파 안동 권씨들은 대부분 권인의 후손들일 정도로 번성하였다

송파재사를 둘러보고 나오면서 바라본 서후(西後)의 들판은 흐린 날씨임에도 불구하고 고즈넉한 정경을 자아내고 있다. 다소 쓸쓸하지만 옛 조상들의 삶도 엿보고 정신도 배운 의미 있는 하루였던 것 같다.

20. 권순기(權舜記)와 약계정(藥溪亭)

포항을 출발하여 1시간 30분을 달려서 길안면소재지에 도착하였다. 약계정 위치를 확인하고 청송방면으로 914번 지방도로를 따라 조금 가니 양곡재 입구에 '약계정 4km'라는 이정표가 나왔다. 이정표 방향으로 진입하였지만 도로가 좁아서 애를 먹을 것 같다는 생각이 들어서 돌아 나왔다. 아스팔트 포장 길을 따라 산을 넘으니 구수리가 나왔다. 구수리에서 왼쪽으로 방향을 잡아 들어갔지만 약계정 이정표는 보이지 않는다. 이쪽저쪽 길을 왔다갔다 하다가 도로 왼쪽 다리 건너편을 보게 되었다. 보통 나무가 아닌 듯한 큰 은행나무가 산과 들을 호령하며 서 있다. 우와, 저

△ 용계의 은행나무

렇게 우람하면서도 균형 잡힌 나무를 본 적이 있었던가! 볼거리를 놓칠 수 없어 차를 주차해놓고 은행나무를 위해 놓은 다리를 건너 그곳으로 걸어가 보았다.

  용계의 은행나무(龍溪 銀杏木)
  천연기념물 제 175호
  경북 안동시 길안면 용계리

 이 은행나무는 수령이 700년이며 높이는 37m, 가슴높이의 둘레가 14.5m이다. 은행나무는 한자어로 행자목(杏子木)·공손수(公孫樹)·압각수(鴨脚樹) 등으로 불린다. 원래 용계초등학교 운동장에 있었으나, 임하댐이 건설되면서 나무가 수몰되는 것을 염려하여 그 자리에서

15m 높이로 들어 올려 심어 놓은 것이다. 줄기 굵기에는 우리나라에서 가장 큰 것으로 알려져 있다.

조선 선조(宣祖) 때 훈련대장(訓練大將)을 역임한 송암(松庵) 탁순창(卓順昌)이 임진왜란이 끝나고 이곳에 낙향하여 뜻을 함께 하는 사람들과 은행계를 만들어 이 나무를 보호하고 친목을 도모하였다고 한다.

감탄사가 저절로 터질 만큼 은행나무의 규모가 엄청나다. 은행나무 뒤편에는 은행나무전시관이 있었는데 그곳에서 할머니와 아주머니가 나오셨다. 할머니는 안동 권씨 집으로 시집온 분이고 아주머니는 딸이라고 하면서 반가워한다. 다행히 그

▽ 약계정

분들로부터 약계정 가는 길을 쉽게 알아볼 수 있었다.

용계은행나무 밑에 있는 계곡으로 난 길을 따라 조금 더 들어가니 오른쪽에 약계정(藥溪亭)이 보인다. 약계정 옆으로는 몇 채의 집들이 있는데 사람들은 들일을 갔는지 보이지 않는다.

약계정(藥溪亭)
경상북도 문화재자료 제41호
경북 안동시 길안면 용계리

이 건물(建物)은 조선 현종(顯宗) 때 영릉참봉(英陵參奉)을 지낸 약계(藥溪) 권순기(權舜記)가 학문을 하던 곳이다. 약계는 갈암(葛庵) 이현일(李玄逸, 1627~1704)의 문인이다. 원래 반변천(半邊千) 옆에 건립되었으나 수해(水害)로 유실되어 광무 2년(1898)에 마을 안으로 옮겨져 보존되어 오다가 임하댐의 건설로 인하여 1989년에 현재의 위치로 이전되었다.

이 건물은 정면 3칸, 측면 2칸의 팔작지붕 홑처마 집으로 자연석 덤벙주초 위에 둥근기둥 및 사각기둥을 사용하여 건립한 검소한 정자이다. 마룻바닥을 지반에서 5자 정도로 높게 하여 누마루와 같은 느낌을 준다.

뒤쪽 3칸은 가운데가 마루로 전면의 누마루와 연접되어 있으나 사분합들문을 달아 마루방을 꾸몄다.

▽ 약계정 본 건물

약계정은 솟을대문에 사방으로 둘러쳐진 토담 속에 자리잡고 있다. 대문 안으로 들어서니 5층의 석축 위에 정면 3칸의 아담한 건물이 나왔다. 뜰에서 건물로 오를 수 있도록 4층으로 된 자연석 계단이 있다. 기단 석축 위에는 보수하면서 시멘트로 처리하였다. 옛날의 정감을 많이 떨어뜨리는 것 같아 아쉽다.

　중앙에 있는 대청마루 위 중앙에는 '藥溪亭(약계정)'이란 현판이 있는데 멋을 부린 흔적이 보이지 않는다. 두껍게 쓴 글씨여서인지 둔중하고 무거운 느낌이다.

　중앙에 있는 대청마루 양쪽에는 각각 한 칸의 온돌방이 자리잡고 있다. 오른쪽 방 앞 위에는 '敦水齋(돈수재)'라는 현판이 걸려 있다. 약계정 건물은 대체로 현대에 많이 보수된 것으로 보인다.

　약계정 대청마루에 앉아 이 건물을 지은 권순기를 생각해 보았다. 약계정은 권순기가 학문을 닦고 연구하면서 학생을 가르치던 정자이다. 그는 원래 와룡면의 구곡 아래에 살았다. 그곳에서 산간을 거닐며 자연의 흥취에 빠져드는 것을 좋아하였으므로 거처하던 곳 서남쪽의 아주 그윽한 곳을 찾아 들어가 작은 정자를 지었는데 그 정자가 약계정이다. 뒤로는 산이 있고, 앞으로는 시내가 흐르는 곳에 정자를 지어 즐겁게 노닐며 배우고 가르치는 곳으로 삼았던 것이다.

　권순기는 자신의 정자가 있는 산을 약산이라고 이름 붙였고, 정자가 바라보고 있는 계곡을 약계로 이름 짓고, 정자 앞에 못을 파서 약당이라 하였다고 한다. 또한 정자에 이르는 계단을 쌓아 약계라 하였으며, 정자 주변에는 약나무를 심었다고 한다. 그런데 임하댐의 건설로 이곳에 자리잡고 있으니 그 느낌을 오롯이 느낄 수는 없다. 단지 산속의 조용한 마을에 있어서인지 그 옛날 선비들의 글 읽는 모습은 떠올릴 수 있다.

    열 갈래로 나뉜 산 하나같이 높았어라
    단정히 앉아 서로 가리키고 굽어보누나.
    산 빛 비쳐들며 물길 돌아가는 곳에 대나무를 심었어라
    구름과 안개 자욱하여 세상을 멀리 밀어내네
    술동이 깨치니 즐거움에 고양된 손은 새로이 눈을 씻누나.
    약재를 캐내 단약을 이룸은 얼굴에 젊음을 붙잡아 두려 함이네.
    이미 분분히 피어난 꽃에 실어 속진에 찌든 사람은 보내 버렸으니
    나는 여기 지극한 한가로움 속에 백 년을 지내볼까 하누나.

21. 권환(權寏)과 이우당종택(二愚堂宗宅)

안동시 길안면사무소에서 금소리 방향으로 좁은 산길을 7km 정도 달려서야 임하리에 도착할 수 있었다. 마을 중간에 위치한 이우당(二愚堂) 건물은 보이는데 들어가는 입구를 찾지 못해 농로를 한 바퀴 돌았다. 눈앞에 두고도 이렇게 헤매다니 길치가 따로 없다. 그래도 끝까지 찾아가니 성실성은 있다고 봐야 하겠지.
    대문이 없는 집 앞 왼쪽에 안내판이 있다.

    이우당종택(二愚堂宗宅)
    경상북도 민속자료 제49호
    경북 안동시 임하면 임하리

△ 이우당의 사랑채

　이 건물은 안동 권씨(安東 權氏) 부정공파(副正公派) 임하지파(臨河之派) 이우당(二愚堂) 권환(權奐)의 종택으로 조선 인조(仁祖) 18년(1640)에 건립한 것이다.
　이 종택은 'ㅁ'자형 안채와 사랑채, 사당으로 구성되어 있다. 원래는 사랑채 앞에 대문간채와 중문간채가 있었던 집이다.
　사랑채는 안채의 동북쪽에 위치하여 책방과 통하게 되어 있다. 'ㅁ'자형 안채는 정면 5칸, 측면 6칸이다. 대청을 중심으로 양쪽에 방이 있는데, 왼쪽이 안방이고 그 앞에 부엌, 아랫방 아래 부엌이 있다. 집터의 모양을 따라 북동향으로 지었으나 대청을 북쪽에 두어 여름에 시원하게, 온돌은 남쪽에 아궁이를 두어 겨울에 따뜻하게 하였다. 사당은 본채의 남쪽에 위치하며 담장과 대문이 있다.

　담은 있는데 대문이 없다. 안내판을 읽어보고 이우당종택으로 들어서니 11층의 돌계단 위에 3칸으로 지어진 이우당의 사랑채가 우뚝 솟아 우리를 맞는다. 다른 종택에 비해 기단이 높아 위엄이 더 느껴진다. 건물 중앙에 '二愚堂(이우당)'이라고 쓴 현판이 걸려 있다. 건물 마루에 앉아 있으니 마침맞게 불어온 바람이 이우당종택을 찾느라고 흘렸던 땀을 식혀준다. 마당에는 최근에 심

△ 이우당의 사당건물

은 잔디가 듬성듬성 나 있다. 얼마 지나지 않으면 푸르른 잔디들로 이우당을 더욱 아름답게 할 것이다.

사랑채 오른쪽 뒤편은 이우당의 사당건물이다. 사방이 토담으로 둘러쳐져 있다. 솟을대문 안에 1칸과 3칸의 두 건물이 나란히 있다. 작은 사당건물은 권환의 불천위 사당이며, 큰 사당건물은 고조부까지 위패를 모신 곳이다.

안동에 있는 불천위는 권환의 고조부인 권징(權徵, 藤巖), 큰형인 권우(權宇, 松巢), 권환(權寏, 二愚堂)이며, 가일마을에 있는 시습재(時習齋)의 주인인 권구(權榘, 屛谷)가 있다. 또한 1914년까지 안동에 속했지만 지금은 봉화로 된 닭실마을의 권벌(權橃, 冲齋)이 있다.

사당에서 내려와 사랑채 건물 뒤에 붙어 있는

△ 이우당종택

안채로 들어가 보았다. 소리는 들리는데 사람은 보이지 않는다. 이곳저곳을 둘러보고 있는데 안주인이 방에서 나오고, 종손은 대청마루 밑에서 일을 하다가 우리를 맞이한다. 시원하게 보이는 마루에 앉아 차를 마시며 잠시 담소를 나누었다.

종손은 서울에서 회사생활을 하다가 정년퇴직을 하고 반은 서울에서 반은 이곳에 머무른다고 한다. 이 집 건물은 안채가 먼저 건립이 되었고, 그 후에 사랑채가 건축되었다는 것도 알려준다. 집으로 들어오는 솟을대문을 짓기 위해 관공서와 협의 중이라고 하니 조만간 대문이 만들어질 것 같다. 처음에 이우당으로 들어올 때 대문 없이 사랑채가 바로 나타나 머쓱한 기분이 들었는데 다행이다.

　이우당종택은 'ㅁ'자형 정침과 사당으로 분리, 건축된 전통한 옥이다. 특이한 것은 건물방향이 북동쪽으로 향하고 있다는 것이다. 보통 남향배치를 선호하는 일반적 관례를 깨고 지형과 지세를 맞춰 풍수지리설에 따라 건물방향을 북동쪽으로 지었다고 전해진다. 해발 550m의 약산과 곡성산 줄기가 마을 전체를 동, 서, 남쪽 3방향으로 모두 둘러싸고 있어 시야가 열려 있는 방향은 유일하게 반변천이 흐르는 북동쪽 밖에 없었기 때문이라고 한다.

　권환은 권대기(權大器)의 넷째 아들로 안동시 와룡면 이상리에서 태어났다. 그의 큰형인 권우(權宇)를 비롯하여 권굉(權宏) 등의 5형제가 모두 사마시에 합격하여 '권씨오현자'로 불리어졌다고 한다. 권환이 이곳 임하리에 자리잡은 것은 혼인관계로 인한 분가 때문인 것으로 보인다.

　권환은 한강(寒岡) 정구(鄭逑)의 문인으로 예부좌랑, 강원도사를 역임하면서 전형적인 청백리로서 조정에서는 거침없이 직간을 하고 문란한 당쟁의 와중에도 공평하고 명분이 뚜렷한 정책을 펴려고 노력하였으며 지방관으로 있을 때는 학문을 권장하고 풍속을 순화시키고 인정(仁政)을 널리 펴서 많은 칭송을 받았다고 한다.

　종택이란 한 문중을 대표하는 주택이다. 옛 우리선조들은 종가를 중심으로 삶을 전개했다. 한 문중의 중심축으로 문중대소사를 처리하던 종가들은 문중의 구심점 역할을 담당했다. 이렇듯 종가를 중심으로 전개된 삶이 문화를 만들어 냈던 이야기도 이젠 옛

말이 되었고 핵가족시대로 문화가 바뀜에 따라 그 위치가 약해지고, 한 문중의 대표로서 실질성과 주도성을 점점 잃어가고 있다. 하지만 종택은 문중의 상징성과 위용만은 고스란히 간직하고 있어 역사와 문화적 가치가 매우 높다고 하겠다. 이우당종택의 종손 권기전씨는 종택을 지키는 지킴이가 되어 오늘도 이렇게 객을 맞는다.

22. 안동 권씨 부정공파종택(副正公派宗宅)

안동시에서 도산서원 방향으로 들어갔다. 와룡면 와룡사거리에서 왼쪽 방향으로 조금 들어가니 '안동 권씨 부정공파단소'라는 작은 표지석이 나왔다. 표지석을 따라 들어갔는데 길을 바로 가고 있는지 알 수가 없다. 입이 서울이라고 길가의 인가에 들어가 길을 물었다. 이 길이 맞다고 한다. 계속 가면 돌미가 나오고 그 다음이 늪실마을인데 그곳에 안동 권씨 종택이 있다는 것이다. 길을 가다보니 작은 마을이 나와서 돌미라고 짐작하고 계속 달렸다. 얼마 안 가 나온 마을이 늪실인가 보다. 인적은 느껴지지 않고 농가의 담 밑에 소담스럽게 피어있는 함박꽃만이 함박웃음으로 우리를 맞는다.

안동 권씨 부정공파는 안동 권씨의 15개 지파 가운데 하나로 권통의(權通義)를 파조로 하고 있다. 부정공파는 추밀공파, 복야공파 다음으로 많은 후손들이 있다.

부정공파 파조인 권통의(權通義)는 원래 안동부 내에 거주하고 있었으나 세조 때 예조판서를 지낸 권자신이 성삼문 등과 더불어 단종 복위를 꾀하다가 실패로 돌아가고 처형되자, 안동을 떠나 풍기 동두들에 옮겨 살았는데 임진왜란 때 종손 권익창(權益昌, 1562~1645)이 현재의 자리인 늪실에 정착하였다고 한다.

먼저 부정공파 단소(壇所)에 올라가 보았다. 안동 권씨 부정공파 파조 설단기 안내판이 있다. 단소는 규모가 커서 웅장해 보였다. 안동 권씨 시조인 권행의 10세손인 부정공파의 파조(派祖) 권통의(權通義)의 단소이다.

단소 바로 아래에는 4칸짜리 재사(齋舍) 건물인 눌곡재(訥谷齋)가 있는데 이 건물은 1999년에 단소가 조성되면서 그 해에 같이 지어졌다고 한다.

눌곡재 아래로 내려와 오른쪽으로 난 좁은 길을 들어서니 당당한 기와집이 나왔다. 인기척에 작은 개가 나와 짖어댔다. 시골집에서는 어디나 개를 기르는 것을 볼 수 있는데 개를 유난히 무서워하는 우리는 언제나 곤혹스럽다. 집 안에는 사람이 살고 있는 것 같은데 개가 짖어대는데도 주인은 나타나지 않는다. 건물 중앙에는 '副正公世廬(부정공세려)' 라는 현판이 걸려 있다. 부정공세려는 부정공의 종택임을 의미한다.

개 때문에 집안으로는 들어가 볼

△ 부정공파조 단소

△ 재사 건물인 눌곡재

△△ 부정공세려

△ 부정공파종택 사당

수 없고, 종택 뒤편에 있는 사당으로 올라가 보았다. 솟을대문 안쪽에 있는 사당은 3칸의 건물인데 문이 잠겨 있어 안으로는 들어가 볼 수가 없다.

사당에서 바라본 부정공파종택은 정면 5칸, 측면 5칸의 'ㅁ'자형 건물로 홑처마 팔작지붕의 건물이다. 안동 권씨 15개 파 중에 종가를 제대로 유지해오고 있는 곳이 부정공파종택이다.

이 집의 주인이었던 권익창(權益昌)은 성균관학론(成均館學論)을 지낸 성곡(城谷) 권선(權宣)의 아들이다. 학봉(鶴峰) 김성일(金誠一)의 문인으로 어려서부터 배움에 독실하고 경서(經書)와 성리학(性理學)에도 깊이 통달하였다. 학암서원(鶴巖書

院)에 제향하게 되었다. 안동시 서후면 저전리에 있었던 학림서원은 현재 옛 터만 남아 있다고 한다.

自修(자수)
莫恨學難就(막한학난취) : 학문을 성취하기 어렵다 한하지 말라
只求心一操(지구심일조) : 단지 마음을 잡는데 달려 있는 것이요
工夫知不遠(공부지불원) : 공부는 멀리 있는 것이 아니니
居敬是爲要(거경시위요) : 거경이 가장 요체로운 것이라네.

부정공파의 인물로는 조선 문종의 비인 현덕왕후(顯德王后)가 있고 그의 아버지인 권전(權專)은 영의정에 추증되었다. 권전의 아들인 권자신(權自愼)은 예조판서를 역임하였다. 그 후에 세조 때 병마평사(兵馬評事)로 이시애(李施愛) 난을 평정하러 갔다가 순절한 권징(權徵)이 있다. 권징의 등암종가(藤巖宗家)는 부정공파종택을 지나 오른쪽 길로 꺾어들면 바로 나온다. 권징은 불천위로 제사를 모시고 있다.

23. 권곤(權琨)과 안동 권씨 소등재사(安東 權氏 所等齋舍)

안동 시내에서 도산서원 방면으로 가다가 태1리 이정표를 따라 밑으로 내려가니 소등재사 이정표가 나온다. 조금 더 들어가니 작은 저수지가 바로 눈앞에 있다. 그곳에서 낚시를 즐기는 강태공들이 마을의 분위기를 평화롭게 만들고 있다. 저수지 뒤편에 소등재사 건물이 보인다.

곧장 달려갔는데 집 앞 이곳저곳이 어지럽다. 사람이 살고 있

는데도 정리가 되지 않았다. 이렇게 정신없이 해 놓으면 소중한 우리 문화유산들을 지키기 어려울 것이다. 안내판을 읽어 보았다.

안동 권씨 소등재사(安東 權氏 所等齋舍)
중요민속자료 제204호
경북 안동시 와룡면 태리

이 건물은 안동 권씨 18대손 권곤(權琨)의 묘를 수호하고 제사를 받드는 곳이다. 처음에는 절이었으나 폐사(廢寺)된 것을 조선 영조(英祖) 2년(1726)에 내당(內堂)인 추원재(追遠齋)를 세우고 다음 해에 'ㅁ'자형으로 확장하여 재실로 사용하고 있다.

아래채는 정면 7칸, 측면 1칸이다. 건물 양쪽 대들보에는 재사의 건립에 관한 기록과 옮겨 세울 때의 기록이 남아 있다. 건물의 구조

△ 뒤쪽에서 바라본 소등재사

도 처음 건립 당시의 모습을 잘 드러내고 있는 것으로 보인다.

소등재사라는 이름은 이곳의 지명을 따서 지은 것이라고 한다. 또한 소등재사 뒤쪽에는 권곤의 묘가 있다. 권곤은 예조판서를 역임한 권인의 증손으로 본인은 선략장군을 역임하였고 이조판서에 추증된 인물이다.

대문 안으로 들어가 보았다. 6단으로 된 계단 뒤에 8단으로 석축을 쌓은 위에 '一'자형 안채 건물인 누각을 지었다. 그래서인지 건물이 우뚝 솟아 위엄이 있어 보인다. 안채 건물은 대청(大廳)마루 양쪽에 서재(西齋), 동재(東齋)라 부르는 온돌(溫突)방을 두었다. 제향(祭享)할 때에 서재에는 노년유생(老年儒生)이, 동재에는 청년유생(靑年儒生)이 사용하였다고 한다. 대청마루 중앙에는 '所等齋舍(소등재사)' 현판이 있다. 마루 대청 뒤쪽 중앙에는 '追遠齋(추원재)'라는 현판이 하나 더 걸려 있다.

안채 마루에 앉아 아래채를 바라보니 들어오는 대문을 포함하여 'ㄷ'자형으로 이루어져 있다. 대문간 옆에는 부엌이 있고 부엌 안쪽은 온돌방이다. 양 대문 사이의 1칸은 마구간이고 1칸은 고방이다

안채 왼쪽 건물에는 큰방과 마루, 작은방이 있는데 이 방들은 모두 향사(享祀) 때 유사(有司)가 출입하며 제수(祭需)를 장만하거나 준비하는 장소이다. 또한 준비된 제물(祭物)은 마루에서 간품(看品)을 하고 산에 올리게 된다. 오른쪽에는 2칸 온돌이 있는데 이 재사를 관리하는 사람이 기거하는 곳으로 주사(廚舍)라고 한다.

안채와 아래채를 합하면 'ㅁ'자형이라서 대문만 걸어 잠그면 사방이 닫힌 공간이다. 무척 답답할 것 같지만 그렇지만은 않다. 재사 마당 위의 하늘이 한없이 넓은 창문 역할을 하기 때문이다.

재실은 원래 묘제를 위한 공간이기도 하지만 평소에는 문중의 유생들이 공부를 하던 공간으로 쓰이기도 하고 문중의 모임장소이기도 했다고 한다. 조용하고 아늑하게 자리한 소등재사. 주변을 좀 더 깨끗하게 정리하여 이곳을 찾는 후손들이 자랑스러운 조상의 숨결을 가까이 느낄 수 있으면 좋겠다.

▽ 소등재사 본 건물

24. 권우(權宇)의 송소종택(松巢宗宅)

안동 시내에서 도산서원 방면으로 가다가 철길 밑을 지나 왼쪽으로 들어서서 조금 더 들어가니 초등학교가 나온다. 그곳에서 길을 찾지 못해 주민에게 물어보니 철길을 넘어 가라고 한다. 차를 타고 철길을 넘으니 송소종택 건물이 바로 앞에 보인다.

안동시 와룡면 이상리 깊은 골짜기에 자리잡은 송소종택(松巢宗宅)은 이상리 마을과는 조금 거리가 있는 곳에 위치하고 있어서 헤매었던 것이다. 송소종택 안내판을 보았다.

> 안동 송소종택(安東 松巢宗宅)
> 중요민속자료 제203호
> 경북 안동시 와룡면 이상리

이 건물은 퇴계(退溪)의 문인이며 광해군의 사부를 지낸 송소(松巢) 권우(權宇, 1552~1590)의 종택이다. 그러나 대청 서쪽 대들보에는 1824년 개기(開基)라고 적혀 있어 송소의 종손 종택으로 보인다.
'ㅁ'자형 몸채와 'ㅡ'

△ 송소종택

자형의 강당과 사랑채로 구성되어 있다. 이계재사도록(伊溪齋舍圖錄)에 의하면 몸채는 재사(齋舍)로 쓰였고, 강당은 이계서당(伊溪書堂)으로 쓰이던 곳으로 판단된다.

서당은 정면 4칸, 측면 2칸이 'ㅡ'자형 동향이며, 중앙 4칸이 대청이고 양끝에 각 2칸씩의 온돌방이 있다.

▽ 송소종택으로 들어가는 통로

안내판을 뒤로 하고 안채로 들어가려고 하니 대문이 닫혀 있다. 들어가는 곳을 이리 저리 찾다보니 본채 건물 오른쪽에 초가로 된 디딜방아 건물이 있다. 조금 더 가니 토담으로 쌓여진 부분에서 집안으로 들어가는 통로가 있다. 맞은편에도 같은 형식으로 통로가 있다.

'ㅡ'자형 안채에는 현판이 보이지 않는다. 원래 없었던 것일까? 안채의 본 건물은 양쪽에 방이 있고 중앙에 큰 대청이 있는데 유난히 높은 석축을 2단으로 쌓아 놓은 곳에 집을 지었다. 대청마루에 앉아 정면을 바라보니 양쪽 건물과 입구의 건물이 'ㄷ'자로 되어 있는데 그곳에는 온돌방, 부엌, 고방, 마구간, 대문 등을 갖추었으며 그 배치형식이 재사와 같다.

이 집의 특징은 본 건물에서 외부로 나오는 공간이 대문 외에 따로 양쪽 모두에 있다는 것이다. 왼쪽 문으로 가면 사당이 있고, 오른쪽 문으로 나가면 방앗간이 나온다. 왼쪽 문을 나와 사당으로 올라갔다.

종택 뒤 산비탈에 있는 사당은 정면 3칸, 측면 1칸의 맞배지붕으로 솟을대문에 담장을 둘러놓았다. 이 사당에는 불천위인 권우(權宇)의 신주를 봉안하고 있다. 왼쪽으로 난 솟을대문을 통해 사당으로 들어갔다. 사당의 둥근 담장은 깨끗하게 보수되어 있고 뒤편의 오래된 소나무와 잘 어울린다. 사당 앞에는 작은 연못이 조성되어 있어서 종택의 기품을 더욱 더 돋보이게 하고 있다.

△ 송소종택 본 건물

송소종택은 다른 종택에 비해 특별한 것들이 조금 있다. 일반적인 종택의 사랑채가 보이지 않는다는 것이다. 또한 사당이 본 건물과 한 공간에 위치하는 것과는 달리 별도의 건물로 되어 있다는 점이다. 건물의 구조는

▽ 권우의 신주를 봉안하고 있는 사당

재사(齋舍)의 형식을 지녔는데도 뒷산에 사당(祠堂)이 있는 이유는 이 집이 종가의 살림집으로 사용되었기 때문이다. 원래는 제사를 위한 정침이 마을 가운데에 있었는데, 이 종택이 지어진 후 어느 시기에 그 기능을 이곳으로 옮긴 듯하다. 이 집에 '이계재사도록'이 전해 내려오는 것으로 보아 원래 집 이름이 '이계재사'였던 것으로 보인다.

사당을 나와 송소종택 아래 밭 가운데에 있는 이계서당(伊溪書堂)으로 갔다. 길이 따로 있는 게 아니라서 밭이랑을 따라 갔다. 이계서당은 정면 4칸, 측면 2칸의 홑처마 팔작지붕 건물로 밭 가운데에 대문이 없이 담장으로 둘러쳐져 있다. 중앙에 '伊溪書堂(이계서당)'이라는 현판이 걸려 있다. 이 서당은 문중에서 지은 건물로 권우의 아버지인 권대기(1523~1587)가 공부를 가르치던 곳이었다고 한다. 지금은 관리가 제대로 되고 있지 않는 듯하다.

△ 이계서당

송소종택을 둘러보고 나오는데 곳곳에 붙어있는 선거벽보가 눈에 들어온다. 요즘 지방선거로 서로가 자기가 적임자라고 떠들어대는데 권우가 쓴 '石上松(석상송)'이라는 글을 모두가 떠올려 봤으면 좋겠다.

'돌 위에 오래된 소나무 천년의 세월에도 자그마하네. 평지에 옮겨지기 바라지 않으니 초췌한들 어떠하리.'

25. 용산재사(龍山齋舍)와 용산정(龍山亭)

용산재사(龍山齋舍)는 안동시 와룡면 중가구동에 위치하고 있다. 와룡면 사거리에서 시내 쪽으로 조금 내려와 왼쪽 길로 접어드니 기와집 건물이 보인다.

용산재사 입구에는 정효각이 있다. 정효각은 솟을대문과 토담으로 둘러쳐진 비각 안에 있다. 정효각은 권순경의 둘째 아들인 권흡(權翕)에게 내려진 것이다. 그는 70세 노모를 지성으로 섬기다가 39세에 와병으로 죽었는데 후에 효행이 나라에

▽ 용산재사와 용산정

알려져 조봉대부 동몽교관에 추증되었고 마을에 정효각이 내려졌다.

용산재사에는 안내판이 없고 연자방아 돌이 우리를 맞이한다. 용산재사도 문화재로 지정되어 보존할 가치가 있을 것 같은데……. 먼저 솟을대문을 들어서니 '龍山齋舍(용산재사)' 현판이 걸려 있는 4칸 건물이 있다. 그런데 솟을대문을 현대식으로 보수를 하여 모양새가 어울리지 않는다. 문화재로 지정되기 위해서는 옛 모습을 지키려는 노력부터 해야 할 것 같다.

재(齋)란 숙식 등 일상적인 주거공간으로서 능, 전의 관리사무소 역할을 하는 재실(齋室)의 성격을 지녔으며 재사(齋舍, 齋室)는 거처를 하면서 제사를 모시는 제반 일을 제주, 유사 등 여러 사람이 모여서 의논 등을 할 수 있는 건물을 말한다. 재실(齋室), 재사(齋舍), 재궁(齋宮), 재(齋) 등이 비슷한 의미로 쓰인다. 또한 헌(軒)은 대청마루가 발달한 집으로 주거용 보다는 상대적으로 공무적 기능을 가진 경우가 많았다.

용산재사 왼쪽에는 용산정이 있다. 용산재사에서 옆으로 난 솟을대문을 통해 들어가니 웅장한 정자가 4단의 석축 위에 자리잡고 있다. 건물 중앙에는 '龍山亭(용산정)'이라는 현판이 걸려 있다. 용산정(龍山亭)은 조선 숙종 때 권시창(權是昌)이 그의 아들 권순경(權舜經), 권순기(權舜紀), 권순강(權舜綱) 3형제를 가르치려고 지은 집이라고 한다. 그는 학덕과 행의를 닦아 흉년에 유리걸식하는 백성을 거두고 구휼한 공이 어사에 의해 임금께 알려져 사직(司直)에 제수되었으며 첨지중추부사에 이르렀다.

그의 첫째 아들인 권순경은 38세에 사마시에 급제하여 생원이 되고 학행이 높아 아우 권순기와 함께 많은 후학을 기르면서 예서 『상례집략(喪禮輯略)』4권을 편저하고 『용천연고(龍川聯稿)』를 남겼다. 69세에 죽었는데 정재 유치명(柳致明)이 비문을 짓고 도정 이한응(李漢膺)이 행장을 지었다. 또 그는 '무와십계(無窩十戒)'를 지어 자제들에게 계율로 삼았다. '게을리 하지 말라. 아비의 명을 어기지 말라. 형제간 겨루지 말라. 아랫사람을 억누르지 말라. 재화를 그물질 말라. 여색을 가까이 말라.'고 하였다고 한다.

둘째 아들인 권순기는 시량(是亮)에 출계하여 어려서부터 재기가 특출하였으나 양가 부모의 상을 당해 과거를 놓치고 학행으로 참봉에 제수되었으나 나가지 않고 말년에 약계정(藥溪亭)을 짓고 자유롭게 거닐었다. 그는 유서에서 제사에 부유하면 많이 차리고 가난하면 간략히 차리되 사부의 예를 다하라 하였다.

셋째 아들인 권순강은 효도와 우애가 천성으로 타고나서 분가 후에도 새벽이나 한밤에도 예를 다 하였다고 한다.

용산정 대청마루 문을 열고 들어서니 대청 양쪽에 방이 한 칸씩 있다. 안쪽 마루와 방은 새로

△ 용산정

깨끗하게 보수하여 놓았다. 오히려 새롭게 보수되어서 문화재가 되지 않은 것 같다는 생각도 든다.

용산정 마당의 오래된 향나무 아래에는 권순경의 유훈인 '無窩公遺訓 謙恭謹愼(무와공유훈 겸공근신)'이 큰 돌에 새겨져 있다. '자기를 낮추고 남을 높이는 태도를 가지며 말이나 행동을 삼가고 조심하라'는 뜻인가 보다. 선조의 유훈을 받들어 항상 겸손한 마음을 가져야겠다.

▽ 무와공유훈 겸공근신

26. 권희학(權喜學)과 봉강영당(鳳岡影堂)

안동 시내에 들어서니 태사묘가 바로 앞이다. 예전에 답사한 곳이지만 시조를 모신 태사묘를 그냥 지나칠 수 없어 다시 둘러보았다. 도심에 있지만 조용한 분위기는 여전하다. 늦은 시간이라서 안내원은 보이지 않는다. 낯익은 건물만 둘러보고 나와 안동시 남선면 신석1리에 있는 봉강영당으로 향했다. 하지만 신석리 입구에서 안내 표지판이 없어 길을 찾지 못했다. 다른 방향으로 가다가 40대로 보이는 남자의 도움으로 제 길을 찾았다. 그 분도 안동 권씨여서 위치뿐 아니라 화원군 영정이 모셔져 있는 곳이라는 것도 잘 알고 있었다. 남선초등학교 앞에서 오른쪽 길로 한참을 들어가니 봉강영당이 나왔다.

봉강영당의 규모는 그리 크지 않다. 뉘엿거리는 햇살을 받으며 조용히 앉아서 애써 찾아온 후손을 반갑게 맞아준다. 봉강영당 오른쪽에는 권희학(權喜學)의 신도비가 세워져 있다. 봉강영당으로 가니 입구 솟을대문 왼쪽에 안내판이 있다.

화원군 영정(花原君 影幀)

이 그림은 조선 영조(英祖) 4년(1728)에 그려진 감고당(感顧堂) 권희학(權喜學, 1672~

△ 봉강영당

1742)의 영정이다. 권희학은 이인좌의 난을 평정한 공으로 화원군에 봉해졌다. 조선시대에는 나라에 공이 있는 인물에게 고인의 호칭과 함께 공신도상(功臣圖像)을 그려 봉안하는 작업이 활발하였는데 이 영정은 공식적인 공신도상으로서는 최후의 작품이다.

이 초상은 짙은 녹색의 전령을 입고, 흑사모를 쓰고, 쌍학 흉배에 각대를 두른 관복 정장의 전신좌상이다. 안면의 표현은 전체적으로 갈색계인데, 적갈색 선으로 윤곽과 이목구비를 나타내었다. 현재 후손들이 마모를 염려하여 모사해 둔 별본영정이 함께 보존되어 있다.

봉강영당으로 들어가는 솟을대문은 굳게 잠겨

△ 봉강영당과 어서각

있어 들어가 볼 수가 없다. 까치발을 하고 문 안쪽을 들여다보았다. 영정이 봉안되어 있는 건물은 3칸으로 되어 있고 중앙에는 '鳳岡影堂(봉강영당)' 현판이 왼쪽에는 '御書閣(어서각)' 현판이 나란히 걸려 있다.

봉강영당 건물은 권희학이 죽은 후에 이족(吏族)과 사림(士林)이 조선 순조 5년(1805)에 안동시 풍산읍 막곡리에 봉강영당을 창건하고 영정(影幀)과 어서(御書)를 봉안하였는데 그 영당은 1862년 춘양(春陽, 봉화군 명호면 풍호리)에 이건(移建)되었다가 다시 1870년 안동군 남선면 신석리에 이건하여 현재에 이르고 있다고 한다.

봉강영당 안에는 그의 스승인 최석정(崔錫鼎)이 연경에 다녀오면서 쓴 감회시와 영조(英祖)와 정조(正租)의 어제시, 그리고 봉강영당 상량문이 걸려있다고 한다. 영조의 어제시에는 "나라 어지러울 때 계합하여서 군신이 같이 늙어가는 오늘의 모임이여! 나라를 보전함을 잊을 수 없고 나라가 장차 반석 위에 놓이리라." 라는 글이 쓰여 있다고 한다.

권희학은 공조판서로 추증된 화성군(花城君) 권명형(權命逈)의 둘째 아들로 안동시 범상동에서 태어났다. 그의 형은 전라도 수군절도사(水軍節度使)를 역임한 일우당(逸愚堂) 권희규(權喜奎)이다. 권희학에게는 그의 스승인 명곡 최석정(明谷 崔錫鼎)을 빼놓을 수가 없다. 최석정은 최명길(崔鳴吉, 영의정)의 손자로 영의정을 8번이나 역임한 소론의 영수였다. 최석정은 안동부사로 있을 때 권희학의 자질이 예사롭지 않다고 여겨 내직으로 옮길 때 그를 데리고 갔다. 그 후 그는 숙종 23년(1697)에 세자책봉주청사로 중국 사행(使行)시 군관으로 최석정을 수행했고 그때 보고 듣고 경험한 일을 일기로 남겼는데 이것이 연행일록(燕行日錄)이다.

또한 그는 숙종 24년(1698년) 국내 대흉년으로 조정이 청국(淸國)에 식량을 대차(貸借)할 때 최석정이 해운시랑사사(海運侍郞謝使)로 관서지방에 행차하자 종사관으로 그를 수행하다가 오는 길에 보고 듣고 경험한 것을 일기로 남겼는데 그것이 서행일록(西行日錄)이다.

영조 4년(1728)에는 삼남지방에 이인좌의 난이 일어났을 때 금위영교련관(禁衛營敎鍊官)으로 난의 진압에 참가하여 난중에 겪은 일을 일기로 남겼는데 그것이 남정일록(南征日錄)이다. 그는 이인좌의 난을 평정한 공을 인정받아 분무공신(奮武功臣) 3등에 책록되었으며, 다시 가의대부에 올라 화원군에 봉해졌다. 그 뒤 국왕의 총애를 받아 곤양 군수, 운산 군수, 자연 부사 등 3진 5읍을 진수하면서 치적을 올렸다. 만년에 향리인 안동 풍천 구담리로 돌아와 집 한 채를 지어 '감고당'이라 하고 조용히 보냈다.

권희학은 만년에 이르도록 명곡 최석정의 은혜를 잊지 않고 그 집안을 돌보고 문집을 간행하며 토지를 구해 사당에 바쳐 제수에 쓰이게 하는 등 은혜를 갚으려고 지극한 노력을 기울였다. 영조 18년에 향년 71세로 별세하자 국왕은 자헌대부 공조 판서에 증직하고 나라의 지관을 보내 장지를 물색하여 지금의 안동군 남선면 신석리에 장사지내게 했다. 또한 친히 예관을 보내 권희학의 영정에 제사지내고 그것을 대궐 벽에 걸게 하여 9일 동안이나 본

뒤 이를 내려 보냈다고 한다.

27. 권책(權策)과 화수루(花樹樓)

영해에서 창수면 방향으로 구불구불한 길을 따라 깊은 골짜기로 들어가니 황토색이 우러나오는 화수루(花樹樓)가 나왔다.

흙벽으로 지어진 누각이어서 시원함과 다정다감함으로 와 닿아야 하는데 그렇지 않다. 사방이 막혀있고 문이 있지만 모두 닫혀 있다. 안에서 문을 걸어 잠그면 내부를 전혀 알 수 없게 되어 있다. 어떤 사연이 담겨 있기에 이런 모습을 하고 있을까? 화수루 앞에 있는 안내판을 보았다.

　　화수루(花樹樓)
　　경상북도 유형문화재 제82호
　　경북 영덕군 창수면 갈천리 6-1

▽ 화수루

이곳은 조선 단종(端宗)의 외종숙인 권자홍(權自弘) 일가가 세조(世祖)에게 화를 당하고 그의 아들 권책(權策)이 유배되어 여생을 보낸 곳이다. 화수루는 숙종(肅宗) 2년(1676)에 건립되었다고 전하는데, 불에 타 동왕 19년(1693)에 다시 세웠다고 한다. 숙종 때 단종이 복위되자 이곳에 대봉서원(大峰書院)이 건립되었는데 대원군 때 서원이 철폐되면서 화수루와 청간정(廳澗亭)만 남게 되었다.

건물은 전면에 '一'자형 2층 누각을 두고 그 뒤로 'ㄷ'자형 단층 건물을 세워 전체적으로 'ㅁ'자형을 이룬다. 누각은 전면 5칸, 측면 2칸 규모의 맞배기와집으로 누각의 가운데로 문을 달아 통로로 사용하였다. 17세기 말에 건립된 건물로 원형을 거의 완벽하게 지니고 있어 건축사적 측면에서 귀중한 자료이다.

권책이 유배되어 지낸 집이어서 이처럼 누각까지 달린 공간이 되었나보다. 2층으로 된 누각은 5단으로 쌓은 돌로 올망졸망하게 쌓은 기단 위에 건물을 지었다. 화수루의 정문은 닫혀 있어 왼쪽으로 난 문을 통해 들어 갈 수가 있다. 안으로 들어서니 앞쪽의 누각에 비해 안채는 낮게 되어 있다. 'ㅁ'자형의 폐쇄적인 공간이다. 누각 뒤쪽에는 2개의 방이 있는데 창이 특이하다. 문의 크기가 매우 작고 창살은 자연 상태의 나뭇가지를 적당히 다듬어 만들어 놓았다. 다른 곳에서는 보기 힘든 형식이다.

사람이 살지 않아 관리가 제대로 되지 않고 있는 것 같다. 사람 대신 박쥐가 살고 있다. 아궁이가 있는 곳에 박쥐 똥이 즐비하고 천장에는 박쥐가 대롱대롱 달려있다. 우리가 들여다보아도 자기 집인 양 꼼짝하지 않는다.

큰 통나무 하나를 깎아 2층 누각으로 올라가는 계단을 만들어 놓았다. 어마어마한 통나무다. 나무 하나가 계단이 될 수 있다니 놀라워서 눈이 둥그레졌다. 긴 세월이 흘렀지만 그대로의 모습으로 남아서 우리를 2층으로 안내한다. 그런데 누각에 오르니 삐걱삐걱 소리가 난다. 마룻바닥의 상태가 좋지 않다.

누각의 문을 활짝 열어 보았다. 이제야 누각의 진면목을 볼 수 있다. 솔솔 불어오는 바람과 함께 계곡 너머에 있는 병풍 같은 바위벽이 눈 안에 들어온다. 그 밑으로 개울이 흐르는 경치가 아름답기 그지없다.

△ 2층 누각으로 올라가는 계단

마루 왼쪽과 오른쪽에 있는 방을 들여다보았다. 오늘날 우리가 사용하는 방문턱보다 무척 높다. 우리의 선조는 이곳을 드나들며 과거급제를 꿈꾸고 공부를 하였을 것이다.

화수루를 나와 바로 옆에 있는 까치구멍집을 가보았다.

갈천동 초가(葛川洞 草家) 까치구멍집
경상북도 민속자료 제2호
경북 영덕군 장수면 갈천리 6-1

이 집은 17세기에 건립된 것으로 추정되는 가옥으로 경상북도 유형문화재 제82호 화수루(花樹樓)에 부속된 건물이다. 이 집은 가운데 마루를 둔 영동지방형 겹집「嶺東形 兩通」으로 주로 태백산맥 동쪽에 많이 분포되어 있다.

양통집(겹집)이란 하나의 용마루 아래 방이 앞뒤 두 줄로 배치된 집을 말한다. 까치구멍이란 부엌 위로 연기가 빠져나가도록 지붕을 합각(合閣)처리하여 구멍을 내는 것을 말하는데, 겹집에만 나타나는 양식이다.

집의 구조는 강원도 지역의 온돌 중심형 겹집의 방들처럼 田자형으로 배치되어 있으나, 앞쪽 방 1칸이 마루로 대체되어 있다는 차이가 있다. 이는 온돌 중심의 북쪽지역 주거문화와 절충된 양식이라 할 수 있다.

△ 갈천동 초가 까치구멍집

갈천동 초가 까치구멍집은 아마 화수루를 관리하기 위한 집인 것 같다. 까치구멍집 내부로 들어가 보았다. 살림살이가 모두 집 안에서 이루어지게 만들어 놓았다. 심지어 외양간까지 집 안에 있다. 태백산 산간지방에서 추위에 대비하기 위해 만든 집의 형태라고 하는데 화수루가 지어진 배경과 관련이 있을 것 같다. 집안에서 모든 것이 이루어지기 때문에 무엇보다 환기가 필요할 것이다. 연기가 나갈 수 있도록 지붕 위에 구멍을 내어 굴뚝으로 활용했던 것이다. 삶에서 찾아낸 조상들의 지혜를 엿볼 수 있다.

바깥에서 보기에는 우아한 화수루의 누각과 소박한 초가지붕의 까치구멍집이 잘 어울려 한 폭의 그림 같지만 내부는 많이 보수되어야만 할 것이다. 관리를 철저히 하여 원형을 유지하며 남아 있어야 문화재로서의 가치를 지닐 수 있을 것이다. 역시 사람이 살면서 사람의 손때가 묻어야만 집도 숨을 쉬는데 그렇지 않아서 아쉬움이 남는다.

화수루를 나와 창수면 방향으로 차를 몰았다. 인량리 전통마을로 향하는데 오른쪽에 큰 고택이 보인다. 보를 해놓은 내를 건너니 대봉재사다.

대봉재사(大奉齋舍)
경상북도 문화재자료 제381호
경북 영덕군 창수면 미곡리 737-1

경모재(景慕齋)는 조선 헌종(憲宗) 1년(1835)에 대봉산(大奉山) 아래에 충현사(忠賢祠)로 세워졌고, 동왕 3년(1847)에 지방의 유림(儒林)들이 대봉서원(大奉書院)으로 바꾸었다. 대봉재사는 대봉서원이 대원군에 의해 철거될 때 존속되었으며 서원은 1911년에 다시 지었다

경모재와 대봉재사에는 충장공(忠莊公) 권자신(權自愼, ?~1456)을 주(主)로, 오봉(五奉) 권책(權策, 1442~?) 및 남곡(南谷) 권상길(權相吉, 1610~1674)을 같이 모셨다. 권자신은 단종

△ 대봉재사

복위에 연루되어 사육신(死六臣)과 함께 차열형(車裂形)을 당하였다. 권책은 13세에 단종 복위에 관련되어 영해에 유배되고 영해 입향조(入鄕調)가 되었다. 남곡은 병자호란 때 청나라와의 화친(和親)을 반대하였다.

대봉재사에는 관리인이 있었지만 자기 일만 열중하여 대봉재사에 대한 이야기를 들을 수 없었다. 바깥에서 집 안을 들여다보다가 대봉재사 옆 건물인 경모재를 둘러보았다. 그곳도 문이 잠겨 있어서 안으로는 들어 갈 수가 없다. 그래서 외형만 보았다.

다시 인량리 전통마을로 차를 몰았다. 한참을

창수면 방향으로 달리니 넓은 평지에 기와집들이 단아한 모습으로 앉아있는 마을이 나왔다. 집들이 오밀조밀 모여 있는 것이 아니라서 시원스런 느낌을 주는 마을이다. 인량리는 인재가 많이 배출되는 마을이라서 붙여진 이름이라고 한다. 풍수지리를 잘 아는 것은 아니지만 넉넉한 들판을 안고 사는 곳이어서 훌륭한 인재도 나오지 않을까 하는 생각이 든다. 보통 한 마을에는 한두 성씨들이 모여살기 마련인데 이곳은 특이하게 8성씨가 살고 있다고 한다. 종택도 무려 12곳이나 된단다.

인량리 전통마을은 나라골, 보리말이라는 이름도 가지고 있다. 초여름에 들어선 때이어서인지 보리는 보이지 않지만 넓은 들판에 깨, 콩 등 다른 곡식들이 자라고 있다. 큰 돌에 '안동권씨입향 오봉종택' 이라고 쓰인 표지석이 나왔다. 표지석이

▽ 오봉종택

△ 벽산정

가리키는 방향으로 조금 들어가니 오봉종택이 눈앞에 있다.

오봉종택은 마을의 정 중앙에 위치하고 있다. 솟을대문을 지나 주차를 하고 마당 안으로 들어갔다. 깨끗하게 정돈되어 있는 마당 뒤에는 '五奉軒(오봉헌)'이라는 현판이 걸려 있는 건물이 우리를 맞이한다. 오봉헌 오른쪽에는 오봉종택이 깨끗하게 보수되어 한옥의 아름다움을 멋들어지게 뽐내고 있다.

한참을 이곳저곳 들러보다가 오봉헌 왼쪽 뒤편에 있는 누각으로 눈길이 갔다. 워낙 웅장하여 무언가 있을 것 같은 건물이다. 건물 앞에는 오봉선생 중건기념문이 대리석에 새겨져 있다. 현판에는 '碧山亭(벽산정)'이라는 글씨가 쓰여 있다. 벽산정은 멀리서 볼 때는 잘 알 수가 없지만 가까이에서 보니 최근에 지어진 집처럼 나무의 색깔이 오봉헌과는 다르다. 그래서 오히려 오봉헌이 초라해 보일 수도 있는데 오봉헌과 벽산정은 조화가 잘 이루어진다. 벽산정에 오르니 옛 선현의 향기가 풍긴다. 내가 시조시인이라면 시조 한 수가 저절로 입에서 나올 것 같다.

벽산정 왼쪽에는 가묘(家廟)가 있지만 들어 갈 수는 없다.

오봉종택을 나와 조선 영조 때 장수현감을 역임한 권만두(權萬斗)가 건립한 지족당(知足堂)으로 발길을 돌렸다. 지족당은 살림집으로 당시의 생활상을 잘 보여주고 있다고 한다. 'ㅁ'자형으로 안채와 사랑채가 한 몸을 하고 있는데 사랑채가 팔작지붕으로 되어 있어 마치 독립된 것처럼 보인다고 하는데 보수공사를 하고 있어서 둘러볼 수 없는 아쉬움을 남긴다. 안내판을 읽어보며 건물의 형태를 떠올려보았다.

지족당(知足堂)
경상북도 문화재자료 제274호
경북 영덕군 장수면 인량리 472

이 건물은 조선 영조(英祖) 때 전북 장수현감(長水縣監)으로 재직한 지족당(知足堂) 권만두(權萬斗, 1674~1753)가 1727년에 나무로 지은 기와집(木造瓦家)으로, 인량리 마을 뒤편의 산자락에 남향으로 자리잡고 있다. 건물의 뒤로 충효당(忠孝堂)이 있고, 오른쪽으로 만괴헌(晩槐軒)이 자리잡고 있다. 'ㅁ'자형으로 안채와 사랑채가 한 몸을 이루고 있는 양 날개 형상을 하고 있으나, 사랑채가 팔작지붕으로 되어 있어 마치 독립된 것처럼 보인다. 건물에 보관되어 있던 서책과 각종 유품은 일제강점기와 6.25전쟁을 거치면서 왜경과 빨치산에 의해 소각되고 현재는 『장수공문집, 長水公文集』과 건물만 남아 있다. 건물배치를 볼 때 지역적 시대적 특징을 잘 알 수 있으며, 당시 생활상을 잘 나타내 주고 있어 조선시대 건축사 연구에 좋은 자료이다.

조선 숙종 때 청백리로 명성이 높았던 권상임(權尙任, 1622~

1700)이 건립하여 살았던 강파헌 정침(江坡軒 正寢)을 보기 위하여 마을길을 걸었다. 토담으로 이루어진 한 고가의 담 밑에 아름답게 피어난 무궁화가 눈길을 끈다. 우리나라 꽃인데도 오랜만에 본다. 충을 강조하는 것 같기도 하다. 큰 마을이지만 한적한 시골답게 아주 고요하다. 마을을 산책하는 기분으로 골목을 천천히 걸었다. 걷다보니 강파헌 정침을 알려주는 안내판이 보인다.

강파헌 정침(江坡軒 正寢)
경상북도 문화재자료 제358호
경북 영덕군 장수면 인량리 422

이 건물은 조선 숙종(肅宗) 때 청백리(淸白吏)로 명성이 높았던 강파(江坡) 권상임(權尙任, 1622~1700)이 건립한 살림집이다. 건축당시는 'ㅁ'자형 집이었으나 전면의 사랑채 부분은 화재로 인하여 소실되어, 정침과 함께 지금은 전체적으로 'ㄷ'자형 평면을 구성하고 있다. 건물의 배치는 팔작와가(八作瓦家) 홑처마 'ㄱ'자형으로 구성된 정침 안채와 그 전면(前面) 좌측(左側)에 소실 후 재건한 박공와가 홑처마의 사랑채로 되어 있다. 정침은 정면 4칸, 측면 2칸의 규모이다. 우측으로부터 방, 마루, 마루, 방의 순서로 평면이 구성되어

△ 강파헌 정침

있다.

   사랑방 전면의 우측벽면을 따라 토담을 7자 남짓 설치하여 사랑채 내방객(來訪客)으로 하여금 안채 시선을 차단시켜 주고 한편으로는 가족의 내·외부 공간을 분리시켜주고 있음에 주목할 만하다.

   대문이 없는 집이다. 원래는 'ㅁ'자형으로 지어진 집이었지만 화재로 사랑채부분이 소실되고 정침 오른쪽에 사랑채를 다시 지어 'ㄷ'자형 집이 되었다고 한다. 대문이 없는 대신 사랑방 벽면을 따라 토담을 설치하여 집 안이 그대로 드러나는 것을 막아주고 있어서 특이하게 보인다.

   인량리 전통마을 곳곳을 둘러보며 여기저기 옛날 기와집들이 모여 사는 모습을 보니 마치 조선시대의 어느 시점에 와 있는 착각이 들 정도이다. 멀리서 바라본 오봉종택은 울창한 숲에 둘러싸여 있어서 어떤 종갓집보다 멋이 있어 보인다.

   권책은 죽으면서 아들에게 '글로써 영달을 꾀하지 말라'는 유훈을 남겼지만 그의 자손들은 온갖 권력과 영화를 누렸으니 어떻게 살아가는 것이 올바른 삶인지 의문이 든다.

28. 영덕 괴시리 관어대

   괴시리(槐市里)는 관어대(觀魚臺)라고도 부르는데 이는 원래 마을의 이름이 아니고 뒷산인 상대산의 이름으로 목은 이색이 상대산에 올라가 바다를 보니 고기들이 노니는 모습이 훤히 들여다보인다고 하여 관어대라 지었다고 전해진다.

안동 권씨가 괴시리에 들어온 것은 16세기 초인 중종(中宗) 연간이었다. 권의철과 권의협(1579~1644) 형제가 이곳에 들어와 마을을 개척하였다고 한다.

대은종택(臺隱宗宅)은 안동 권씨 영해 괴시리 입향조 권의협의 종택으로서 그의 장자 권경이 건축한 집이다. 권경은 세 명의 아들을 두었는데 둘째 아들집은 송천리의 송천세려고택이고, 셋째 아들집은 번호댁이다.

괴시리 전통마을에서 대진해수욕장 이정표를 보고 가다보면 길이 양쪽으로 갈라지는 곳에 괴시2리 표지석이 나온다. 오른쪽 길로 접어들어 조금만 가면 묻지 않아도 우리가 찾는 대은종택일 것 같은 고택이 한눈에 들어온다. 고택과 함께 어우러진 마을은 전형적인 농촌의 모습을 간직하고 있다. 세 아름쯤은 되어 보이는 고목을 지나 대문이 없는 대은종택에 들어섰다. 그리 크지 않은 아담한 집이다. '醉翁世廬(취옹세려)'라는 현판이 사랑채 위에 걸려 있는데 눈에 먼저 들어온다. 사랑마루 앞에는 '臺隱軒(대은헌)' 편액이 있다. 취옹세려는 권의협의 집이고, 대은헌은 조선 효종 때의 유학자인 권경(1604~1666)의 종택임을 말해준다. 누마루는 낮게 된 황토 흙담 위에 사뿐히 올라앉아 있다. 난간은 옛 모습을 그대로 간직하고 있다. 마당에는 향나무 한 그루가 마침 불어오는 봄바람에 몸을 맡기고 있다.

　　　대은종택(臺隱宗宅)
　　　경상북도 문화재자료 제278호
　　　경북 영덕군 영해면 괴시리 581

이 가옥은 조선 효종(孝宗) 때 유학자인 대은(臺隱) 권경(權璟, 1604~1666)의 종택이다. 선조(宣祖) 때 선생의 선친이 처음 건립하였고, 고종(高宗) 26년(1889)에 새로 건립하고, 1978년에 다시 고쳤다. 선생은 슬하에 3자를 두었는데, 차남의 집은 병곡면 송천리의 송천(松川)세려고택(世廬古宅) 3자의 집은 종택 우측에 번호댁(樊湖宅)이다.

이 가옥은 원래 정침(正寢)과 사당으로 구성되어 있었다. 정침 왼쪽에 있던 사당은 퇴락하여 철거해버려 현재는 주초석만 남아 있다. 정침은 정면 5칸, 측면 6칸 규모의 'ㅁ'자형으로 왼쪽으로 사랑마루 1칸이 돌출되어 편날개집의 형상을 이루고 있다. 사랑채는 팔작지붕으로 정면에 '취옹세려(醉翁世廬)', 사랑마루 앞에는

▽ 대은종택

'대은헌(臺隱軒)'이라고 쓴 편액을 걸었다. 새로 고치는 과정에서 후기적인 요소가 많이 가미 되었으나, 조선 중기 영남지방 사대부가의 고택으로 평면 및 배치 등이 이채롭다.

대은종택 집 안으로 들어갔다. 이곳도 안동의 고택과 같이 'ㅁ'자형의 폐쇄적인 공간으로 이루어져 있다. 문을 빠끔히 열고 집 안을 들여다보았다. 마당은 넓지 않았지만 대청마루는 무척 넓게 보인다. 살림살이가 거의 없는 것을 보니 현재는 사람이 살지 않는 것 같다.

대은종택 왼쪽에 사당이 있었으나 퇴락하여 현재에는 철거되고 주초석만 남아 있다는 것도 볼 수 있다.

대은종택 옆에는 권경의 정자인 만송당(晚松堂)이 있다. 만송당은 일부 보수되었다고 하지만 무척 낡아 보인다. 곧 문화재로 등재가 될 예정이라고 하니 얼마 안 있어 온전한 모습을 우리에게 보여줄 듯하다. 마루 중앙에 만송당 현판이 걸려 있고 마루 양쪽 옆에는 방이 있는 구조이다.

만송당 왼쪽에 새로 지어진 한옥이 있어 눈길을 끈다. 뒤에는 쭉쭉 뻗은 소나무들이

△ 권경의 정자인 만송당

자연스럽게 배경을 만들어주고 있다. 마당에서 집을 구경하고 있으니 주인이 나온다. 영덕번호댁(盈德樊湖宅)의 후손으로 포항에서 직장생활을 하다가 정년퇴임을 하고 귀향하였다고 한다. 종씨를 만났다고 차 한잔을 권한다. 집 내부도 현대의 편리함을 상당 부분 가미하였지만 우리 한옥의 멋스러움을 한껏 살린 집이다. 그대로 드러난 서까래의 나무들이 천장을 장식하고 유난히 많은 창문에는 우리의 문살이 사용되었다. 앉아있으니 마치 고향집에라도 들린 듯 편안함을 준다. 한참 이야기를 나누다가 일어섰다.

대은종택 오른쪽에 권경의 셋째 아들의 집인 영덕번호댁이 있다. 발길을 그곳으로 옮겼다. 앞마당이 넓게 조성되어 있다. 영덕번호댁은 'ㅁ'자형에 전면 대은종택과는 반대로 우측에 사랑채가 위치하고, 가옥의 오른쪽 뒤쪽에 사당을 두어 양반가의 형식을 잘 보여주고 있다.

마당에 들어서니 사랑채에 걸려있는 '豫軒齋(예헌재)'라는 현판이 먼저 눈에 들어온다. 집 형태는 양반가의 집과 같지만 규모가 조금 작은 편이다. 집 안쪽에는 '안분와'라는 편액이 걸려있다. 예헌재는 경북문화재자료 제379호로 지정 관리되고 있다.

권복여는 조선 인조 때(1641) 관어대에서 출생하여 대은가학(臺隱家學)의 정훈(庭訓)으로 행의는 항상 조용하고 모범이었으며 효성과 우애는 성심을 다하였고 덕성은 향중(鄕中)의 자랑이었다고 한다. 숙종 때(1707)에 향년 67세에 돌아가셨다.

사랑채가 본채에 비해 유난히 짧아 보인다. 그래서인지 사랑채가 날렵하다는 인상이다. 사랑채는 조각된 난간을 가진 툇마루가 있으며 우측 칸은 대청, 좌측 칸은 방으로 만들어져 있다. 난간은 보수를 했는지 깔끔하다.

영덕번호댁(盈 樊湖宅)
경상북도문화재자료 제379호
경북 영덕군 영해면 괴시리 583

이 가옥은 조선 효종(孝宗)때 유학자(儒學者)인 대은(臺隱) 권경(權璟, 1604~1666)의 3남의 주택이다. 가옥의 건립은 현 소유주의 8대조가 18세기 말에 건립한 것으로, 상대산(上臺山) 기슭에 남향으로 자리잡고 있다. 가옥은 안채와 사랑채가 연결되어 'ㅁ'자형의 평면을

▽ 영덕번호댁

이루고 있는 이 지방 사대부 집의 일반적인 형태를 따르고 있다. 오른쪽에는 정면 3칸, 측면 1칸 규모의 맞배기와집으로 된 사당이 배치되어 있고, 주위에는 사각형으로 된 담장을 둘렀다.

이 가옥이 있는 괴시리는 관어대(觀漁臺)라 부르는데, 이는 원래 마을의 이름이 아니고 뒷산인 상대산을 부르는 것으로, 목은(牧隱) 이색(李穡)이 상대산에 올라가 동해바다를 보니 고기들이 뛰어 노는 모습이 훤히 들여다보인다고 하여 그렇게 지었다고 한다.

문이 열려있어서 집 안을 들여다보니 살림살이가 보인다. 종손이 살고 있단다. 대은종택보다 마당이 넓다. 집 안쪽에 '안분와'라는 편액이 걸려 있다. 모두 일하러 나갔는지 아무도 보이지 않아 더 둘러볼 수가 없다.

고택들의 뒤로 큰 규모의 한옥이 있어서 가보았다. 대은종택의 종손이 새로 지어 살고 있는 집이다. 우수헌이라는 현판이 걸려있는 곳이 사랑방인가보다. 개가 짖는 바람에 더 보지도 못하고 내려왔다.

▽ 영덕 괴시리 종갓집

대은종택에서 분가한 권경의 둘째 아들인 권득여의 집을 둘러보기 위해 송천세려고택(松川世廬古宅)으로 향하였다.

영덕면소재지에서 병곡면 방향으로 3분 정도 달리니 송천리가 나왔다. 평지에 들어선 마을이어서 송천세려고택이 쉽게 눈에 들어오지 않는다. 오래된 기와지붕을 이고 있는 집이 몇 채 있지만 안내판이 없는 것을 보니 문화재인 송천세려고택이 아닌가보다. 토담을 얼핏 본 것 같았지만 지나치고 동네를 한 바퀴 돌았다. 집들 가운데 기와지붕도 보이고 고목이 있는 것을 보니 아무래도 우리가 찾는 곳인 것 같다. 겨우 입구를 찾아 들어가니 과연 송천세려고택이다. 고택 왼쪽 입구에 안내판이 서 있다. 너무 반가워서 나도 모르게 발걸음을 재촉하였다.

송천세려고택(松川世廬古宅)
경상북도 문화재자료 제86호
경북 영덕군 병곡면 송천리 427

이 건물은 조선 중기 송천자(松川子) 권득여(權得與, 1736~1716)가 관어대(觀漁臺)에서 분가하면서 건립되었다. 권득여는 대은(臺隱) 권경(權璟)의 차남으로 이 지역 사림의 종장(宗匠)으로서 후학을 양성하고, 「독오록, 獨娛錄」을 저술하고, 송천보(松川堡)를 창설하여 농경문화 발전에도 공헌하였다.

건물의 건립연대는 1700년대로 보이며, 건물형이 잘 보존되어 있는 '日'자형의 나무로 된 기와집(木造瓦家)이다. 원래의 배치는 안채, 사랑채, 행랑채, 2층으로 된 대문채 및 초가로 된 방앗간채 등이 일자형(日字形)을 이루고 있었으나, 현재는 방앗간채가 철거되어 한쪽이 트여 있다.

△ 송천세려고택

　내부구조와 배치에 다소 변형은 있으나, 경북 지역에서 보기 드문 '日'자형 배치형태를 취하고 있는 건물로 주거사 연구에 귀중한 자료가 되고 있다.
　이 집의 주인이었던 권득여는 영해 관어대에서 이곳으로 이사를 왔다. 이 집은 그의 아들인 권대림이 1700년대에 건립한 가옥이다. 4칸 규모의 대문채를 들어서니 좁은 마당을 사이에 두고 정면 5칸, 측면 5칸 반 규모의 'ㅁ'자형 정침이 자리잡고 있다. 마당의 왼쪽에는 담이 있고 방앗간채가 있었다는 곳에는 사과나무가 심어져 있다. 다시 문을 열고 들어가니 'ㅁ'형 안채가 있다. 그래서 '日'자형 집이라고 하는가보다. 둘러보고 있는데 한 어르신이 들어왔다. 집을 관리하고 있는 후손이라고 한다. 잠시 마루에 앉아서 이야기를 나누었다.

어느 곳이나 농촌에는 사람이 많이 없다. 특히 젊은 사람이. 이곳도 집성촌을 이루고 살았지만 대부분 도시로 떠나고 나이 드신 분들만 마을을 지키고 있다고 한다.

대청마루의 천장에서 흙이 떨어져 있다. 관리를 하고는 있지만 집에 사람이 살지 않으니까 자꾸만 허물어진다고 한다. 예나 지금이나 굴뚝에 연기가 나고 사람의 입김이 있어야 집이 유지된단다. 직접 살면서 관리를 할 수 있으면 좋으련만 현실은 그렇지 못하다.

안채에서 대문으로 나와 오른쪽으로 돌아가니까 사랑채에 '松川世廬(송천세려)' 라는 현판이 걸려있다. 툇마루가 없어서 댓돌을 밟고 올라야 문을 열고 안으로 들어갈 수 있게 되어 있다. 옆 칸의 방 앞에는 작은 툇마루가 있다.

본채와 조금 떨어져서 규모가 꽤 커 보이는 사당이 있다. 담 안의 마당에는 향나무 한 그루가 사당의 지붕 위로 가지를 뻗고 있다.

집 둘레는 제법 넓은 정원이다. 살구나무에는 꽃이 만발했고 동백꽃도 수줍은 듯 얼굴을 붉히고 있다. 아직 잎이 나지 않아 무슨 나무인지는 모르겠지만 많은 나무들이 정원을 채우고 있다.

뒤편에 하늘을 향해 양팔을 들고 있는 나무가 눈길을 끈다. 보호수로 지정되어 보살핌을 받고 있다는 550년 된 회화나무다. 오랜 세월을 이곳에 서서 집에 머물렀던 사람들을 모두 보았을 나

무. 옆에 앉아 있으면 어떤 사람이 살았는지, 어떤 사람이 찾아왔는지 조곤조곤 이야기해줄 것 같다. 내가 이렇게 찾아온 모습도 기억해주겠지. 사람은 떠나도 나무는 그 자리에 서서 내내 집을 지킬 것이다.

송천세려고택을 나와 권득여의 정자가 있는 송천정사(松川精舍)를 둘러보았다. 마을 회관 앞에 있는 건물이 송천정사라는 것을 어르신이 가르쳐 주었다. 현판이 바깥에서 보이지 않기 때문에 어르신이 가르쳐 주지 않았다면 코앞에 두고 또 찾아 헤매었을 것이다. 이 건물은 보수되어 옛 모습을 찾을 수 없다. 그마저도 제대로 관리가 되지 않아 허물어지고 있다. 문화재로 등재가 되지 않은 건물은 사라질 수밖에 없나보다. 뒤늦게 아쉬워하기보다 하나라도 더 보존할 수 있는 방법을 찾으면 좋겠다.

돌아오는 차 안에서 오늘 돌아본 고택들을 떠올려보았다. 어느 것 하나 소중하지 않은 것이 없다는 생각이 든다.

영해는 안동 권씨 고택뿐만 아니라 여러 가문의 고택들이 많다. 많은 사람들이 이곳을 둘러보면서 조상의 향기가 짙게 밴 조선의 옛 전통가옥의 아름다움과 중후한 맛을 느껴보길 바란다.

29. 충효의 자손을 잉태한 신녕 권질, 권시, 권열 삼대

지난해 여름에 가상리를 갔다가 입향조 권열의 흔적을 다보지 못해서 꼭 한 번 더 가 보아야겠다고 생각했다. 다시 마음을 먹고 벚꽃과 복사꽃이 꽃망울을 터트리는 따뜻한 봄기운을 따라 가상리로 향했다.

지난번에 갔다가 본 시안미술관을 지났지만 우리가 찾는 '모산마을' 이정표가 보이지 않는다. 가던 길을 돌아 나와 '가상교회' 마당에 있는 사람에게 물어보니 설명을 해준다.

다시 시안미술관을 지나 조금 더 가니 '安東權氏新寧入鄉組 九宜軒公墓所 入口(안동권씨신녕입향조 구의헌공묘소 입구)'라고 적힌 큰 안내표지석이 나왔다. 안내에 따라 길을 들어서니 승용차들이 길에 줄을 지어 서 있다. 무슨 일이 있나 궁금해서 자세히 보니 오른쪽에 있는 큰 저수지에 붕어를 낚기 위해 온 강태공들의 승용차이다. 저수지와 집들을 지나니 안동으로부터 이설된 모헌공(慕軒公) 권질의 정려각(旌閭閣)이 있다. 정려각 안에는 '孝子前縣監 權晊之閭(효자전현감 권질지여)'라고 쓰여 있다. 정려각의 주인공인 권질(모헌공)은 고려 공민왕 7년에 안동시 법상동 상촌에서 출생하여 효행으로 개령현감을 제수 받았으며 안동 성서문 밖에 정려각이 세워졌었다. 그 후 유교문화권 개발 사업으로 부득이 장자 탄옹 권시(權諰)의 묘소와 함께 공의 묘소와 새로운 정려비를

▽ 권질의 정려각

2006년 영천시 화산면 가상리 추곡 모산(茅山)으로 천장 복원하였다고 한다.

정려각 옆에는 안내석이 있는데 안동에서 옮겨와 이곳에 세웠다는 내용이다.

권질은 세 아들을 두었는데 장자는 권시(權偲, 집의), 차자는 권황(權偟, 교리), 셋째는 권선(權儃, 현감)이다. 권시의 아들은 구의헌(九宜軒) 권열이고 권열의 현손이 영천성 전투에서 왜적을 섬멸시킨 충의공 권응수(忠毅公 權應銖) 장군이다.

▽ 모선재, 태암재, 영모재

권질은 세종 27년, 85세에 죽었는데 간찰(簡札)과 시문, 유묵이 보물 668호로 지정되어 있다.

정려각 앞에는 '慕軒炭翁兩世墓道碑(모헌탄옹양세묘도비)'가 있는데 최근에 세운 듯하다. 정려각 옆에는 건물 2동이 있는데 바로 옆 건물에는 아무런 표시가 없다. 제사를 준비하기 위해 세운 재사 건물일 것이라고 짐작해본다.

그 다음 건물은 최근에 세운 솟을대문과 기와담장으로 둘러쳐져 있다. 솟을대문은 자물통으로 굳게 닫혀 있어서 들어가 볼 수 없다. 그래서 담장 너머에서 안쪽 건물의 형태를 살펴보았다. 좌측에 2칸과 우측에 1칸의 방을 두고 가운데 2칸의 대청과 앞쪽에 쪽마루를 단 맞배지붕의 건물이다. 중앙에는 모선재(慕先齋, 권열, 광주목사) 현판이, 왼쪽에는 태암재(泰菴齋, 권처정, 호조참의), 오른쪽에는 영모재(永慕齋, 권시) 현판이 일렬로 걸려있다. 이곳은 세종 12년(1429)에 문과에 급제, 사헌부 지평과 광주목사 등을 지낸 입향조 권열을 추모하기 위해 후손들이 건립한 것으로 여러 차례의 중수 끝에 1972년에 개축되었다고 한다. 아마 권열, 권시, 권처정을 모신 사당인 것 같다.

재사 앞에서 아내와 이야기를 나누는 중에 마을 어르신이 지게를 지고 올라오신다. 사당에 모셔진 분들의 묘소를 물으니 맞은편에 있는 산에 있다고 한다. 모산에는 권질, 권시, 권열의 묘소가 있다. 풍영정이라는 나무를 찾아보고자 한다며 추곡이 어디인지도 물어보았다. 추곡은 가상리의 옛 이름이라고 한다. 일제강점기에 지명이 바뀌었다는 것이다. 사라진 지명으로 찾으려고 하니 어려울 수밖에 없다.

영천 신녕 입향조인 권열은 안동부 성서쪽 상촌에서 출생하여 어릴 때부터 뜻이 독실하여 학문을 좋아하였고 여섯 형과 두 아우와 우애가 돈독하였으며 세조 11년 문과(文科) 정과(丁科)에 급제하였다. 권열은 이조좌랑으로 무안현감(務安縣監)에 보임되어 치적이 가장 뛰어났으며 사헌부 지평으로 특배(特拜)되었고 광주목사(光州牧使)에 이르렀다.

그는 성품이 단아하고 호인이라 남을 먼저 배려하는 뜻이 곧았다. 학문과 행의(行誼)가 있었는데 연산군 2년에 시사(時事)가 그릇되자 광주목사로서 항소를 올리고 불청되자 추곡의 보덕공 휘 조광덕(趙匡德)을 찾아 신녕추곡(新寧楸谷)에 정자를 짓고 구의헌이란 현판을 달아 자호로 하고 소요자락(逍遙自樂)하면서 학문에 심취하였다.

권열은 자손을 가르치는 유훈으로 구의절목(九宜節目)을 만들어 후학들에게 강학하였는데 까마귀와 학을 벗하였다 하여 유허로 오학정(烏鶴亭)이 있다. 권열은 중종 2년 고종하니 추곡 모산에 안장되었다.

권열의 후손들은 국가가 위기에 있을 때 자신의 목숨을 아끼지 않고 일어났다. 임진왜란 당시 공을 세운 분은 권응수(공조판서, 선무공신 2등), 권덕시(선무원종 2등), 권운(정유재란시 울산전에서 전사), 권응기(선무원종 3등), 권응생(선무원종 3등), 권응심(선무원종 2등), 권응전(선무원종 2등훈), 권응화(선무원종 2등훈), 권응평(선무원종 1등훈), 권응렴(선무원종 2등훈) 등이며 그 외에도 많은 자손들이 난(亂)에 참가하였는데 영천복성(永川複城)을 비롯하여 경주복성(慶州複城), 문경(刎頸)의 당교전(唐僑戰), 울산의 태화전(太和戰) 등에서 크게 공을 세웠다. 권열 이후 그의 자손들은 이 마을에서 500여 년간 세거(世居)해 오면서 무(武)를 숭상하고 충, 효, 인, 예, 지 등 제반 중요절목(重要節目)을 몸소 실천하고 이를 자손들이나 타인에까지도 전하려고 노력하였으니 안동 권씨의 자랑이 아닐 수 없다.

모산 마을을 나와 잠시 시안미술관에서 커피 한잔을 마셨다. 많은 가족들이 휴일을 맞아 이곳에서 즐거운 시간을 보내고 있다. 시안미술관에는 '壬亂新寧義兵倡義地 (임난신녕의병창의지)' 기념비가 있다. 옆에는 갖가지 얼굴을 지닌 장승들이 서서 미술관을 찾은 아이들과 친구가 되고 있다.

시안미술관을 나와 권열이 이곳에 처음 들어와 심었다는 풍영정으로 향했다. 그런데 우리를 먼저 맞이한 것은 풍영정 나무가 아니라 '風詠亭(풍영정)'이란 현판이 걸려 있는 오래된 가옥이다. 솟을대문 안에 있는 풍영정은 풍영정 나무의 이

△ 풍영정 건물

름을 지은 권응도를 추모하기 위해 후손과 역내 사림들이 힘을 모아 건축한 정자이다. 풍영정은 누각 위에 마루와 방이 2칸 있는 건물이다.

풍영정 건물을 나와 마을입구로 조금 더 들어가니 큰 고목을 볼 수 있다. 이 나무가 풍영정인가보다. 둥치에서 크게 두 가지로 나누어져 하늘을 향하고 있는 느티나무이다.

나무 주위는 옆에 있는 집을 수리하는지 모래와 건축자재들로 어수선하다. 하지만 풍영정은 근엄한 자태를 잃지 않고 사람들이 열심히 살아가는 모습을 조용히 지켜보고 있다. 고목 뒤에는 마을

▽ 풍영정이라는 나무

사람들의 쉼터인 현대식 정자가 풍영정과 어우러져 있다. 가만히 다가가 나무의 유래에 대한 안내표지석을 보았다.

> 이 느티나무는 樹齡이 伍百餘年이 넘은 것으로 安東 權氏 新寧 入鄕組이신 九宜軒 권열(1424~1507) 公께서 朝鮮 燕山君 二年(1496) 光州牧使在任時 燕山의 亂政을 直諫하고, 安東으로부터 秋谷里로 隱居하여 살면서 심었으리라 推定되는 것으로, 後孫들이 代를 이어 이 나무 아래에서 詩와 學文을 講論하고 禮節과 활쏘기를 익혔음은, 아마도 孔子님의 遺風에 힘입은 것이리라. 壬辰倭亂을 當하여 同堂의 兄弟叔姪들이 여기에서 倡義하여, 이름이 靑史에 올랐으며 그 가운데서도 花山君 權應銖(1546~1608)公이 가장 두드러졌지만 아무도 自身들의 功績을 자랑하지 않았음은, 모두 이 나무를 保護하는 뜻에서 禮儀와 辭讓하는 家風을 얻었던 것이리라. 倡義는 禮儀에서 發揮되고 武功은 활의 힘에서 비롯된 것이기에, 훗날의 子孫들로 하여금 모두 여기에서 節文하며, 여기에서 德行을 보게 된다면 곧, 九宜軒公께서 後孫들에게 내려주시는 두터운 그늘이, 이 나무와 더불어 모두 크다 할 것이다. 後日 公의 玄孫 成均生員 風詠亭 權應道(1616~1674) 公이 이 나무의 이름을 風詠亭이라 하고, 自身의 雅號 또한 이것으로 하여, 나무 周圍에 培根築石하여, 때때로 冠童들과 함께 時하읊고 習禮 하였다고 記述(1669)되어 있다.

안내표지판을 보니 풍영정은 500년 세월을 함께 하며 이 마을의 정신적 지주이자 든든한 버팀목이 되었지 않나 싶다.

풍영정 나무를 사진기에 담고 일제강점기 때부터 있었던 것 같은 방앗간 건물을 지났다. 바로 일성정(日省亭)이 나온다. 삐거덕

거리는 대문을 밀치고 들어가니 권열의 유허비 '通政大夫行光州牧使九宜軒權先生遺墟碑(통정대부 행고아주목사구의헌유허비)'가 우뚝 솟아 있다. 그런데 건물은 낡고 허물어져 제 기능을 다하지 못하고 있다. 일성정은 임진왜란 때 선무원종 2등 공신인 권응심(1554~1597)의 집이다. 본 건물의 구조는 방이 3칸이고 마루가 2칸으로 간단하다. 중앙마루 위에는 '日省亭(일성정)'이란 현판이 걸려 있지만 언제까지 이 자리를 지키고 있을지 모르겠다. 후손들이 관리를 잘해야겠다는 생각이 든다.

▽ 권응심의 집인 일성정

마을에서 나와 작년 여름에 갔을 때 들렀던 '廾洞齊(입동재)'로 발길을 돌렸다. 가상교를 지나 조금 더 들어가니 입동재가 나왔다. 대청마루에 현판이 걸려 있고 마루 양쪽에는 작은 방이 하나씩 있다. 이 건물은 일성정보다 더 낡고 허물어져 있다. 빠른 시일 내에 보수하지 않으면 곧 무너질 것 같은 불길한 느낌마저 든다.

입동재를 나와 원모재로 향했다. 작은 개울을 건너야 갈 수 있는 원모재는 권응수장군의 할아버지인 권난(權鸞)의 재실이다. 작은 다리를 건너 솟을대문에 들어서니, 중앙 대청마루 위에 '遠募齊

△ 권난의 재실인 원모재

(원모재)'라는 현판이 걸려 있다. 건물은 왼쪽에 2칸, 오른쪽에 1칸씩 방이 있다. 솟을대문 옆에 '遠募齊重建記念碑(원모재 중건기념비)'가 있다.

원모재는 서기 1720년 숙종 46년에 4칸 재사를 신축하여 256년간 비바람에 허물어져 서기 1943년 13세 주손 權稙 주선으로 여러 자손들이 협력 중수하여 누수를 피하여 오던바 서기 1975년 10월 전소시 중견문을 할 때 15세손 赫千군이 거금을 단독 부담하여 5칸을 증축중건 하였으니 군의 숭조정신을 거울삼아 자자손손 목족의 의를 돈독히 하고자 하는 뜻에 원모재 중건을 기념하여 후손들에 영원히 전하고자 한다.

원모재를 둘러보고 나오니 가상리의 들판은 벌써 어둑어둑해진다. 바쁘게 길을 재촉하는 할머니, 할아버지들의 발걸음이 느껴진다. 집으로 돌아오면서 우리가 둘러본 유적지를 떠올려보았다. 충효의 산실인 권열과 그의 후손들의 가옥들이 무너져 내리고, 쓰러져 가는 모습이 안타깝다. 그것들이 없어지면 후손들에게 "학문을 하더라도 벼슬에 나아가지 말고 길쌈하며 밭 갈고 부지런히 살라"는 교훈을 남긴 권열의 청빈함과 절개를 어디에서 찾을 수 있으랴.

風詠亭記(權應道)
　亭以大樹爲名者不知其昉於何時古老相傳者皆曰此樹幾至二百年之久且其圍十有餘尺其枝條布暢密葉翳天盛夏亦寒小雨可避則樹之大固可見矣昔我高祖持憲公自安東聘于此村趙輔德諱進德之家因居焉與輔德公之子世東日講禮習射于此樹下俱以文學名蓋寓慕乎夫子之遺風也非但爲逍遙休息快於目爽於襟而止也意者大樹之命名始於此歟

풍영정기(권응도)
　정자를 큰 나무로 이름을 만들었음은 어느 때 비롯되었는지 알지는 못하지만 연세 많으신 노인들께서 서로 전해진 것을 모두 다 '이 나무는 거의 이백 년 정도 오래 되었다'고 말들 하시고 또한 그 나무의 둘레가 열자가 넘어 그 나뭇가지가 퍼지고 잎사귀가 빽빽하게 하늘을 가리워 한 여름에도 또한 추우며 작은 비는 가히 피한다 하니 곧 나무가 큰 것을 가히 보여주는 것이리라 예전 나의 고조부이신 지헌공께서 안동으로부터 이 마을의 보덕 조진덕의 집에 장가드시고 그로 인하여 이 마을에 사시게 되었으니 보덕공의 아드님이신 세동과 더불어 날마다 이 나무 아래에서 예의를 강론하고 활쏘기를 익히시어 모두 문학으로 이름나셨음은, 아마도 공자님의 남기신 가르침에 사모하는 마음을 부쳤음이라 비단 이 나무 아래에서 소요하고 휴식만하여 눈을 상쾌하게 하고 가슴을 상쾌하게 함에 그치지는 않았을 것이니 생각건대 '큰 나무'라 이름 지었음은 여기에서 비롯됨이겠는가?

30. 권응수 장군 유물전시관과 귀천서원(龜川書院)

영천에는 임진왜란 때 의병을 일으켜 나라를 구한 권응수 장군의 유적들이 있다. 먼저 신령면에 있는 권응수 장군의 유적지를 찾았다.

영천시 신령면소재지에서 의성방면으로 약 5km를 달리니 "화남마을"을 알리는 마을 표지석이 나왔다. 마을로 들어가는 작은 냇가에는 만고풍상을 겪은 아름드리 고목이 마을의 역사를 말해주는 듯 우람하게 서 있다. 표지석에서 약 200m을 더 들어가니 권응수 장군 유물관이 있다. 유물관 입구의 작은 벽돌로 쌓은 문설주가 특이하다. 작지만 김해박물관과 비슷한 이미지로 와 닿는다.

유물관 입구의 넓은 공터에 차를 주차하고 먼저 왼쪽에 있는 표지판을 살펴보았다.

▽ 권응수 장군 유물전시관 입구

권응수 장군 유적
보물 제668호
경북 영천시 신녕면 화남리

권응수 장군(1546~1608)은 조선 선조 때 무신으로 호는 백운제 시호는 충의 본관은 안동이다.

장군은 선조 17년(1584)에 무과에 급제하였

으며 임진왜란 때 경상도 수군절도사 박홍의 휘하에 있다가 고향으로 돌아와 의병을 모집, 의병장이 되어 왜군과 싸워 영천성을 탈환하고 병마우후가 되었다. 이어 경상좌도 병마절도사 박진 밑에서 경주성 탈환전에 선봉으로 참전하였으며, 문경의 당교 싸움에서 전공을 세워 경상도 병마절도사 겸 방어사에 특진되었다.

선조 27년(1594) 충청도 방어사를 겸직하였고 선조 37년(1604) 선무원훈공신으로 화산군에 봉해졌으며, 공조판서 겸 오위도총부 도총관을 역임하였고, 좌찬성에 추증되었다.

이 유적은 1979년 정부의 호국위인 유적 정화 사업으로 확장 정화되었다.

표지판을 읽고 문을 들어서니 정면에는 경충사(景忠祠)가 왼쪽에는 충훈각 건물이 있다. 충훈각(忠勳閣)은 임진왜란 때 의병을 일으킨 권응수장군의 공을 기리기 위한 유물관이다. 그런데 안타깝게도 내부는 문을 굳게 잠가 놓아 볼 수가 없다. 이렇게 하려면 왜 유물전시관을 만들어 놓았는지 이해가 되지 않는다. 이곳에는 선조대왕이 하사한 권응수 장군의 영정 1폭, 태평

▽ 유물관인 충훈각

▽▽ 권응수장군의 위패를 모신 경충사

△ 권응수 장군 신도비

회맹도병풍 1첩(4폭), 교지 및 장군간찰 1권(32매), 각대 1개, 선무공신록권 1축, 임진왜란 당시 영천성을 복성할 때 왜장 법화에게서 노획한 장검 1개, 교지 및 유서 1권(33매), 가전보첩(상·하) 2책 등이 있다고 한다.

권응수 장군의 위패를 모신 경충사에도 문이 잠겨 있어 들어가 볼 수가 없다.

충훈각 맞은편에는 흰색 무궁화 꽃이 만발해 있다. 이곳의 권응수장군유적정화기념비가 이 기념관을 세운 내력을 말해주고 있다. 기념관을 돌아나와서 관리소 건물에 문을 두드리니 귀가 어두운 할머니만 누워 있다. 아쉽지만 겉모습만 본 채 발걸음을 귀천서원으로 돌릴 수밖에 없다.

귀천서원은 성덕대학을 지나 치산유원지 쪽에 위치하고 있다. 주소지를 보고 찾아 갔지만 이정표도 없고 푯말도 보이지 않아 애를 먹었다. 점심시간이 한참 지난 시간이라 마을로 들어가 식당을 찾았다. 힘을 내자는 뜻에서 닭백숙을 시키고 식당 주인에게 귀천서원을 물으니 모르겠다고 한다. 200m쯤 내려가면 옛날 집이 있다는 말만 해준다. 식사를 준비하는 동안 갔다고 오겠다고 하고 길을 건너 아래로 내려오니 정말 서원 같은 것이 보인다. 풀숲을 헤치고 건물로 올라가니 권응수장군의 신도비가 오래된 비각 안에 초라한 모습으로 남아 있다.

장군의 명성에 걸맞지 않게 쓰러져가는 모습이 너무나 안쓰럽다. 다행히 신도비 앞에 있는 하마석만이 형태를 유지하고 있다.

▽ 신도비 앞의 하마석

신도비를 지나 귀천서원으로 들어가니 할아버지 한 분이 계신다. 그분에게 이곳에 대해 물으니 귀천서원이 맞다고 한다.

귀천서원은 임진왜란 때 의병을 모집하여 영남지역에서 큰 공을 세운 충의공 백운재 권응수 장군(1546~1608)을 배향한 서원이다. 조선 효종 1년(1650)에 건립되었으며, 이후 의병장인 권응심

△ 귀천서원

(권응수 장군의 사촌동생), 김응택 장군을 배향하였다. 대원군의 서원철폐령으로 훼철되었다.

할아버지에게 어떻게 현판이 없는 서원이 있냐고 물으니, 옛날에는 있었는데 누군가 훔쳐 갔다고 한다. 어떻게 이런 일이 일어나는지 이해가 되지 않는다. 귀천서원은 아무도 관리하지 않아 이곳저곳이 허물어져 있다. 강당을 둘러보고 뒤에 있는 경덕사로 올라가니 잡초만 무성하다. 임진왜란 때 나라를 위해 싸웠던 세 장군을 배향한 곳이라고는 상상조차 하기 힘들게 관리되어 있다. 이곳에 있었던 위패들이 권응수장군 유물관을 건립하면서 그곳으로 이전하여 갔다고 한다. 그래서 지금은 전혀 관리가 되지 않고 있다는 것이다.

임진왜란과 정유재란 때 나라를 위해 싸워서 구국의 기틀을 마련한 권응수 장군이 오늘날 이름 석 자만 남겨지고, 배향하던 곳이 이렇게 형편없이 관리되고 있음에 후손으로서 너무나 가슴이 아프다. 하루 빨리 정비가 되어 옛날 모습 그대로 복원되기를 희망해본다.

31. 권극립(權克立)과 입암서원(立岩書院)

포항문화유산해설사 과정을 공부하는 분들과 함께 버스를 타고 죽장면소재지에서 상옥 방면으로 4km 정도의 구불구불한 도로를 달려 입암마을에 도착하였다.

마을 앞에 있는 200여 년 된 느티나무 대여섯 그루와 20m 높이의 선바위가 우리를 맞이한다. 이 선바위를 입암 또는 탁입암(託立岩)이라고 한다. 아마 입암리의 지명도 이 바위에서 나온 것 같다. 우뚝 서 있는 바위를 중심으로 한 주위의 풍경이 과히 예술이다. 입암 옆에는 일재당(日繂堂)이 있고 일재당 사이에 계구대(戒懼台), 일재당 뒤편엔 기예암(起豫岩)이 있다. 셋 모두 입암 28경 중 하나인데 선조 때 공조판서를 지낸 장현광(張顯光)이 붙인 이름이다.

풍경이 아름다워 사진을 찍으려고 하니 전깃줄, 전화선 등이 렌즈 안으로 들어온다. 요즘에는 자연과 가까이 있는 산 입구, 절집 내에도 전줄을 쉽게 볼 수 있으니 어느 곳이든 인간이 만든 문명의 힘을 벗어날 수 없나보다.

우리는 일재당을 먼저 둘러보기로 하고 관리하는 관리사를 찾았는데 보이지 않는다. 일재당으로 들어가는 문이 닫혀 있어 뒤편 바위 언덕(기예암)으로 올라갔다. 바위틈 사이에서 자란 나무들이 고풍스러움을 더해 주고 있다. 문이 아니었지만 안으로 들어갈 수

▽ 입압서원의 부속건물인 일재당

있었다.

일재당에 서서 입암과 계구대를 바라보았다. 마을 앞으로 흐르는 가사천과 어우러져 한 폭의 산수화를 보는 듯하다. 계구대는 중용의 계신호기소불도(戒愼乎其所不睹), 공구호기소불문(恐懼乎其所不聞)에서 나온 말로 도를 떠나지 않도록 경외(敬畏)하여 마음에 천리본연의 상태를 유지해야 함을 함축한 말이라고 한다.

일재당은 조선 선조 33년(1600)에 지어진 입암서원의 부속건물로서 정면 3칸, 측면 2칸으로 팔작지붕을 이고 있다. 절벽에다가 높은 자연석 축대를 쌓아 지어져 그 풍광이 더욱 뛰어나다. 정면 3칸 중 중앙은 마루이고 마루 양쪽에 온돌방을 각 1칸씩 배치하였으며 마루 뒤쪽이 출입문이다. 마루주변에 계자 난간을 돌렸다. 그래서인지 이곳에 앉아 있으니 더욱 여유가 있어 보인다.

일재당에 대해 조사를 해온 교육생 한 분이 발표를 했다. 동쪽 방인 우란재(友蘭齋)에는 권극립과 정우헌이 거처하였고, 서쪽인 열송재(悅松齋)에는 손륜암, 정수암이 거처하였다고 한다.

권극립은 오직 독서하고 이치를 궁리하는 것을 급선무로 몸을 닦고 성을 기르는 것이 본분임을 알아야 하며 젊어서 부지런히 배우고 노력해서 위로 우러러 보거나 아래로 내려다 봐도 부끄럼 없는 삶을 살아야 한다고 '입암정사기'에서 강조하였다.

그 뒤에(1629) 박인로가 이곳에 와 입암가 29수와 입암별곡을 남기기도 하였다. 후에 산남의진 사건(1907)으로 왜군이 방화하여 소실되었던 것을 1914년 복원하였다.

일재당 마루청에 올라 잠시 옛 사람들의 모습을 생각해본다.

뜨거운 여름날, 가사천 계류가 굽이쳐 흐르는 수려한 언덕 위에서 공부하는 학도들에게 시원한 바람 한줄기가 불어와 머리를 식혀 주었을 것만 같다.

△ 만활당

일재당을 나와 만활당(萬活堂)으로 갔다. 만활당 역시 문이 잠겨 있어 들어 갈 수가 없다. 바깥에서 안의 풍경을 보았다. 만활당은 마을 앞 계류가 굽이쳐 흐르는 언덕 위에 서향으로 지어졌다. 이곳은 조선중기 성리학자인 장현광이 임진왜란 때 이곳으로 피난 와서 기거하던 곳으로 정면 3칸, 측면 1칸의 간단한 구조이다.

만활당을 지나 입암서원으로 가는 길에 작은 공원이 있다. 울창한 송림이 세월의 흐름을 말해

▽ 만활당에서 바라 본 입암과 일재당

안동 권씨 233

준다. 이곳에는 권극립 유허비가 위용을 자랑한다. 비석을 지나면 나이 지긋이 먹은 은행나무가 서원을 지켜보고 있다.

입암서원에 가니 대문이 잠겨 있어 서원 안으로 들어 갈 수가 없다. 까치발을 하고 담 너머로 훔쳐보았다. 세월의 흔적을 말해 주듯 서원 마당에는 풀들이 무성하고 잎을 떨어뜨린 배롱나무 한 그루가 잠긴 솟을대문과 나란히 서 있다.

안내표지판을 읽어 보았다.

　　　입암서원 일원(立岩書院 一圓)
　　　경상북도 기념물 70호
　　　경북 포항시 죽장면 입암리

　　입암서원은 조선 효종(孝宗) 8년(1657)에 처음 건립되었으며, 여헌(旅軒) 장현광(張顯光, 1554~1637), 권극립(權克立), 정사상(鄭四象), 손우남(孫宇男), 정사진(鄭四震) 등을 배향하고 있다. 그 후 고종(高宗) 5년(1868) 대원군(大院君) 때 서원이 철폐되었고 순종(純宗) 원년(1907)에 묘우(廟宇)가 소실되었다.
　　서원은 1913년에 복원되고 1972년에는 묘우 역시 새로 만들어졌다.
　　서원주변에는 일재당과 만활당이 건립되어 있으며, 일재당은 정면 3칸, 측면 2칸의 팔작집이다. 선조(宣祖) 33년(1600)에 건축되어 장현광, 정사진, 손우남 등이 학문을 강론하였다. 1629년에는 노계(蘆溪) 박인로(朴仁老)가 와서 '입암가(立岩歌)' 29수와 '입암별곡(立岩別曲)'을 남기기도 하였다.
　　만활당은 정면 3칸, 측면 1칸의 맞배지붕으로, 막돌로 3단의 기단을 쌓아 그 위에 초석을 놓은 후 둥근 기둥을 세운 3량가 홑처마 굴도리집이다.

△ 입암서원

　문화유산해설사 과정을 듣는 분 중 한 분이 마을 사람에게 연락을 해서 이곳을 관리하는 분을 찾았다. 바깥에서 구경만 하다 돌아갈 뻔했는데 어디에서나 능력 있는 분이 있나보다.

　입암서원 솟을대문을 들어가니 왼편에 배롱나무 한 그루가 있다. 오른편에는 장현광이 임진왜란을 피해 이곳에 왔다가 심었다는 은행나무가 있었지만 후손이 관리를 잘못하였는지 죽고 말았다고 한다.

　입암서원 현판을 바라보니 글씨가 정말로 바위가 서 있는 모습 같이 힘차다. 서원은 본당인 강당이 있고 강당 뒤엔 사당인 묘우가 있다. 그렇게 큰 규모는 아니지만 그 옛날 이곳에서는 글 읽는 소리가 낭랑히 들렸을 것이다. 하지만 지금은 서원이 왠지 휑하다. 어떤 건물이던 사람의 온기가 없으면 빨리 상하기 마련이다. 이곳을 관리하는 분들이야 있겠지만 홀로 서 있는 서원이 외로워 보인다.

입암서원 아래는 가사천이 흐르고 있다. 가사천 옆에는 아담하게 조성된 공원이 있다. 노계 박인로 선생의 시비와 작은 정자 쉼터, 그밖에 몇 개의 체육공원시설이 있다.

정철(鄭澈), 윤선도(尹善道)와 함께 조선 가사 문학의 한 축을 이루고 있는 박인로는 이곳에 8차례나 방문하여 입암을 배경으로 한 입암별곡과 시조 입암29수를 남겼다.

박인로 시비 전면에는 입암에 대한 시가 적혀 있다.

입암
무정히 서난 바회 유정하야 보이난다
최령한 오인도 직립부기 어렵거늘
만고에 곳게 선 저 얼구리 고칠 적이 업나다

△ 노계 박인로 선생의 시비

이외에 마을에는 안동 권씨들이 문사를 의논하

는 영모당(永慕堂)과 오로정(五老亭), 입암종택이 있다. 입암마을은 안동 권씨 외에도 월성 손씨, 한양 조씨가 집성촌을 이루고 있다고 한다.

무심코 걷다가도 발길을 멈출 것 같은 이 마을은 대대로 이어져온 선비문화에 전통 농경생활문화가 어우러져 고풍스런 분위기를 자아내고 있다.

32. 쌍괴정과 권규 세거지(내원마을, 입석마을)

안동 권씨의 유적을 찾기 시작하면서 남다른 자부심을 느끼며 주말을 기다리게 되었다. 이번에는 어떤 곳을 찾아볼까? 포항과 가까이 있는 곳은 두 번 세 번 쉽게 둘러보았지만 먼 곳은 한번 나서기도 쉽지 않다. 오랜만에 찾아온 화창한 봄날이라 날씨에 힘을 입어 오늘은 경상남도 산청으로 떠나보자.

안동 권씨들이 산청에 세거하게 된 것은 권규의 증조할아버지인 권계우(權繼祐)가 단성현 단계리(丹溪里)에 살았던 때부터다. 권계우는 판중추부사(判中樞府事) 윤변(尹忭)의 딸에게 장가를 들어 처가의 고향인 경남 단성현 단계리로 옮기게 되었고 그의 아들 권금석과 그 자손들이 세(勢)를 형성하게 되었다.

권규(權逵)는 1496년 권시득(權時得)의 4남 3녀 중 셋째로 태어났다. 그의 형제는 첫째형 권우(權遇)와 둘째형 권수(權邃) 그리고 동생 권준(權遵)이 있었다. 권규는 정몽주의 5대손인 참봉 정완(鄭浣)의 딸과 결혼하면서 처가인 내원마을로 들어와 살게 되었다.

그는 이곳에서 권문현(權文顯), 권문저(權文著), 권문임(權文任), 권문언(權文彦)을 낳았는데, 권규의 5대손인 권황이 입석마을로 가면서 권규의 후손들은 내원마을과 입석마을에서 터전을 잡고 가문을 번창시켰다.

먼저 권규가 장가들면서 처음 자리잡은 내원마을로 가보기로 했다. 포항에서 4시간여를 달린 끝에 단성IC를 통과하였다. 단성면소재지에서 오른쪽 길로 조금 더 들어가니 권규의 학식과 덕행을 기리기 위해 후손들이 건립한 쌍괴정(雙槐亭)이라는 재실이 있는 내원마을이 나왔다.

얼마 가지 않아 따가운 봄볕 아래에서 자리를 지키고 있는 예스러운 건물이 보인다. 먼저 보이는 것이 삼연재이고 바로 옆에 있는 것이 쌍괴정이다. 모두 문이 닫혀있지만 담이 낮아서 까치발을 하지 않고도 둘러 볼 수 있다.

쌍괴정은 권규가 살던 집으로 그의 아들들이 학문을 부지런히 익힌 곳이

△ 쌍괴정

다. 그는 이곳에 기거하면서 안분(安分)이란 편액을 달고 평생 분수에 맞게 수양하여 천명에 어긋나지 않는 삶을 살았다고 한다.

그의 사후 276년이 지난 헌종 10년 사림(士林)의 발의로 그가 살던 집에 문산서원(文山書院)을 세워 그의 둘째 아들인 권문임(權文任)과 함께 배향하였는데 대원군 때 서원이 훼철되었다가 1942년에 그의 후손들이 서원이 있던 자리에 쌍괴정을 세웠다.

쌍괴정 뒤에는 태극문양을 한 삼문이 있고 그곳을 지나면 권규와 그의 둘째아들 권문임의 위패를 모신 사당인 유허사(遺虛祠)가 있다. 유허사는 예쁜 색으로 단청이 되어 있어 사당임을 바로 알 수 있다.

쌍괴정 오른쪽 풀밭에는 '안분당권선생유허비'가 세워져 있다. 왼쪽에는 권규의 증손인 권극태를 위한 재실인 삼연재(三然齋)가 있는데, 현대적인 모습들을 가미하여 보수하였다. 옛 모습을 그대로 유지하면 더 좋겠지만 이렇게라도 잊지 않고 보수를 하며 재를 올리는 것을 보면 조상을 기리는 마음을 엿볼 수 있는 곳이다.

△△ 권문임의 위패를 모신 사당인 유허사

△ 권극태를 위한 재실인 삼연재

내원마을을 나와 권규의 5대손인 권황(權鎤)이 이거한 입석마을로 향했다. 봄바람 따라 솔솔 풍겨오는 이 냄새는 뭘까? 새콤달콤한 딸기향이다. 곳곳에 비닐하우스가 즐비하고 농부들이 도로가에 싱그러운 향기를 내뿜는 딸기를 내어놓아 지나는 차들을 붙잡는다. 얼른 먹고 싶어 입안에 침이 고인다. 나오는 길에 꼭 사서 먹어야겠다. 내원마을에서 남사예담촌을 지나고 남사사거리에서 왼쪽 길로 접어들어서 10여 분을 들어가니 입석교와 입상마을 표지석이 나왔다.

　이 마을이 입석마을로 불리어진 이유는 냇가 입구에 있는 선돌 때문인데, 이 선돌에는 전설이 있다. 마을에서 10리 정도 떨어져 있는 단속사를 창건할 때 인근의 돌을 모으고 있었는데, 절이 다 만들어져 더 이상의 돌이 필요 없게 되자 절로 향하던 돌들이 지금의 자리에 그대로 서 버려서 이 마을의 이름이 입석마을로 불리어지게 되었다고 한다.

　큰 선돌은 이곳 외에 산청선비학당에도 있다. 산청선비학당 입구에 있는 선돌은 탕건모양을 하고 있어서 탕건선돌이라고 불리어지는데, 선돌 때문인지 이 마을에는 국가의 녹을 먹는 큰 벼슬을 하는 사람들이 많이 배출되었다. 최근에도 이 작은 마을에서 국회의원 세 명(권영길, 권경석, 박계동)이나 나왔다고 한다. 또한 이 선돌에는 계란만한 크기의 성혈이 있는데, 아들을 낳고 싶어 하는 부녀자들은 이 성혈을 만지면서 치성을 드리면 아들을 낳았다고 한다.

　입석교를 지나니 오른쪽에 작은 솟을대문 안의 정려각이 보인

다. 앞쪽에 차를 주차하고 마을을 둘러보기로 하였다. 정려각 안에는 정려비가 얌전히 세워져 있다. 권규(權逵)의 넷째 아들 권문언(權文彦)의 아들 권택(權澤)의 아내인 진양 강씨가 정유재란 때 순절한 행적을 국가에서 기린 곳이다. 그 옆에는 '退庵權先生遺蹟碑(퇴암권선생유적비)'가 세워져 있다. 이 비는 권규의 후손인 권중도(權重道)의 유덕을 기리고자 세운 비이다.

입상마을 표지석을 지나 마을 안으로 들어가니 인적이 없다. 산청농협 호남지소 앞에 큰 나무가 있어 차를 주차하고 잠시 더위를 식혔다. 그곳에 초등학교 여학생이 있어 서당이 있는 곳을 물으니 잘 알지를 못하였다. 성씨를 물으니 강씨라고 한다. 그곳에서 나와 마을 안쪽으로 들어가 보기로 했다. 입석교회 못미처에 마을 어르신들이 모여서 담소를 나누고 있다. 어르신들께 '경강정사'의 위치를 물으니 '산청선비학당' 옆에 있는 외딴집 어르신께 물으면 자세히 가르쳐 준다고 말씀하신다.

얼마 가지 않아 '勤學路(근학로)'라는 표지석이 서 있다. 근학로를 따라 들어가니 산청선비학당의 정문인 '修己門(수기문)'이 나왔다. 자기 스스로를 갈고 닦을 사람들이 드나드는 문이라는 뜻인가 보다. 산청선비학당은 폐교한 입석초등학교 자리에 옛 선비의 곧은 정신과 몸가짐을 배우는 장을 마련하기 위해 산청군에서 조성한 것이라고 한다.

산청선비학당 왼쪽의 좁은 길로 들어서니 정말로 청색 슬레이트집이 한 채 있다. 담벼락부터 시작하여 집안 곳곳에 붓글씨로 쓴 한자어가 붙어 있다. 여느 집과는 다른 분위기다. 바로 산청문화원장을 역임하셨던 권영달 어르신 댁이었던 것이다. 어르신을 찾으니 아들이 마루로 안내를 하고 머리가 하얗게 된 어르신이 반갑게 맞아주셨다. 어르신은 입석마을에 안동 권씨가 자리잡게 된 경위에 대해 자세히 설명을 해주시고 점심 전이라고 하니 식사를 권하신다. 점심때가 지난 후라 염치불구하고 먹었다. 유적답사를 다니면서 매번 느끼는 것이지만 안동 권씨라는 같은 성을 가진 것만으로도 남이 아니라는 생각이 든다.

　어르신은 오후에 일이 바쁘셔서 안내를 하지 못한다고 하시며 둘째 아들에게 시키고, 집을 나서는 아내와 나에게 '銀子(은자)'라고 쓰인 봉투를 내미신다. 받지 않으려고 했지만 멀리서 온 손님을 그냥 보낼 수 없다며 한사코 주신다. 이것이 조선 선비의 모습인가? 식사 대접과 여비까지 받고나니 몸 둘 바를 모르겠다.

　익산에서 건설업을 한다는 둘째 아들의 안내를 받으며 처음 간 곳은 문산서당(文山書堂)이다. 산청선비학당 앞쪽을 돌아서 왼쪽 큰길로 조금 더 들어가니 '중촌마을'이 나왔다. 중촌마을에서 석대산 좁은 산길을 따라 한참을 올라가니 작은 저수지가 나왔다. 저수지 뒤쪽에 건물이 있는데 이곳이 문산서당이었다. 안내를 받지 않았다면 찾지 못했거나 찾아도 많은 고생을 했을 것이라는 생각이 들면서 새삼 고마움을 느꼈다.

　문산서당은 권규의 5대손인 권황이 조선 헌종 12년에 후손들의 공부를 위해 건립한 서당인데, 입석마을 주변의 많은 유림들이 찾아와 학문을 논하는 경우가 많았다고 한다.

　작은 솟을대문을 지나니 건물 중앙에 '文山書堂(문산서당)' 현판이 걸려 있다. 마루 안쪽에는 '文山亭(문산정)'이라는 현판이 하나 더 걸려 있다. 서당 왼쪽에 방 1칸이 오른쪽에는 방 2칸이 있다. 건물 위쪽은 슬레이트 지붕으로 되어 있어, 보통 가정집 건물의 모습과 비슷하다. 새로 보수를 한 것 같았지만 다시 벽이 허물어지고 있어서 안타깝게 느껴진다. 이곳은 성철대종사께서 출가하기 전에 공부를 한 곳이기도 하다는데 보존에 힘을 썼으면 좋겠다.

△ 문산 서당 들어가는 길

마루에 앉아서 봄바람을 맞고 있으면 저절로 공부가 될 것만 같은 조용한 분위기다. 문산서당 입구에 있는 오래된 은행나무가 이 서당의 역사를 소리 없이 들려주는 것 같다.

문산서당을 나와 다시 입석리에 있는 경강정사(敬岡精舍)에 들어서니 강아지들이 우리를 먼저 맞이한다. 경강정사에는 관리인이 있어 비교적 깨끗하게 유지되고 있었다. 양쪽이 고방으로 되어 있는 솟을대문을 지나니 경강정사 현판이 보인다. 이곳은 권규의 제사를 모시기 위해 건립된 재사이다.

경강정사 오른쪽에는 '安分堂權先生遺蹟碑(안분당권선생유적비)'가 세워져 있다. 이 유적비는 산청문화원장을 역임한 권영달(權寧達)과 권상현(權

△ 경강정사

尙鉉) 등 여러 일족들이 힘을 모아서 세웠는데, 이는 권규의 학덕을 선양하고 후손들에게 자긍심을 높여 권규 같은 현달한 후손들이 배출되기를 바라는 뜻에서였다고 한다.

다음에는 자암서당(紫巖書堂)으로 갔다. 자암서당은 권규의 고손자인 권상(權鏛)을 위한 집으로서, 그의 손자 권중도(權重道)와 권상철(權相喆)이 후손들을 위해 서숙으로 세웠으며 최근까지도 아이들이 한문을 공부하였다고 한다.

문이 잠겨 있어서 들어가 볼 수가 없다. 그래서 까치발을 하고 안을 들여다보았다. 마루 중앙 위에 '紫巖書堂(자암서당)' 현판이 있고 오른쪽에 방 2칸이, 왼쪽에 방 1칸에 마루 2칸이 있는 건물이다. 이곳도 옛날 기와지붕이 아니고 요즘 유행하는 기와형태의 지붕이라 건물 모양이 어색하다. 하지만 산 중턱을 향하여 올라가서인지 앞이

탁 트인 풍광은 시원함과 아늑함을 동시에 가지고 있다. 자암서당에서 내려다보이는 들판에는 하얀 비닐하우스가 햇빛에 빛나고 있다. 이곳에서 나는 딸기는 대부분 일본으로 수출을 하고 있다고 한다.

△ 자암서당

입석마을에는 '문산서당', '경강정사', '자암서당' 등 권규와 그의 후손들이 후학계도를 위해 힘쓴 발자취들이 있었다. 학문을 하기 위한 서당들이 많은 것과 무관하지 않은지 이곳 입석마을에서는 1621년부터 80여 년간 단성향안(丹城鄕案)에 오른 인물 중 권씨 가문이 68인이고 그 중에 23인이 권규의 후손이었다고 한다.

이곳에는 예전에 안동 권씨들이 1500호 정도 살았다고 하는데, 지금은 50여 호밖에 되지 않는다고 한다. 그래도 이들은 문산서당, 자암서당 등에서 공부를 하며 조상들의 유업을 착실히 계승해 왔을 것이다. 이들 유적들이 현재에는 퇴락되어 옛 모습을 잃어가는 것을 보니 안타깝기 그지없다. 하루빨리 문화재로 지정되어 옛 모습 그대로 복원되기를 바랄 뿐이다.

33. 권도(權濤)와 완계서원(浣溪書院)

입석리에서 단계리까지는 차로 20여 분을 달려

야만 갈 수 있다. 달콤한 딸기 향을 맡으며 가는 길이라 무척 즐겁다.

단계리는 유서 깊은 마을이다. 지금은 예전같이 권씨들이 많이 살고 있지는 않지만, 그래도 산청지역의 대표적인 안동 권씨 집성촌이라고 한다.

이곳은 한옥 보존단지로 지정된 마을로 파출소, 떡 방앗간, 보건지소 등 여러 건물들의 지붕이 한옥의 느낌을 살려서 지어져 있다. 그래서 여느 면소재지와는 다른 분위기가 느껴진다. 곳곳에 있는 기와집들은 오랜 전통을 간직해 온 마을의 역사를 그대로 말해주는 듯 고고한 품격을 지니고 있다. 이곳저곳을 기웃거리다가 들어간 집이 마침 안동 권씨 충강공종택(忠康公宗宅)이다. 마

△ 안동 권씨 충강공종택

침 종부(宗婦)가 마당에 나와 있어서 인사를 할 수 있었다.

종택은 비교적 깨끗하게 관리되고 있는 것 같다. 부지런하게 보이는 종부가 있으니 그럴 수밖에. 앞뜰에는 갖가지 꽃들과 함께 향나무가 무성하게 자라고 있어서 큰집 같은 편안함을 준다. 입구에는 최근에 새로 지은 한옥집이 있었는데 할아버지가 기거한다고 한다.

△ 충강공 책판각

종택의 왼쪽에는 나무향기가 풍길 것 같은 책판각(冊版閣)이 있다. 그곳에는 권도의 문집을 목판화한 충강공 책판(忠康公 冊版) 135매가 소장되어 있다고 한다. 또한 이 책판은 경상남도 유형문화재 제233호로 지정되어 있단다. 튼튼해 보이는 자물쇠를 단단히 채워놓았다.

동계선생문집은 순조 8년(1808)에 만들어졌는데 이 문집(文集)은 시(詩)를 비롯하여 상소문(上疏文), 잡문 등으로 이루어져 있다. 매월 유생들이 모여 공부한 월과회의(月課會議)와 강론한 강법(講法)은 조선중기 사대부들의 학문 경향을 연구할 수 있는 귀중한 자료이며 제문(祭文)과 만사(輓詞)

등은 당시 향촌 사회 모습을 살피는데 좋은 자료이다. 책판각 내에는 정범조(丁範朝)가 지은 완계서원(浣溪書院) 상량문(上樑文)과 역대왕, 왕비 기제사일이 기록된 현판이 있다고 한다. 또한 이곳에는 권도에게 내린 많은 교지(敎旨)와 공신록(功臣錄) 등의 원본을 소장하고 있다고도 한다. 교지는 문과급제, 이조판서, 충강시호 등이 있는데, 우리나라의 수많은 전란 속에서도 완전하게 보존 관리 되고 있다고 한다.

바로 옆의 솟을대문이 있는 건물은 충강공 위패를 봉안한 묘사(廟祠)이다. 그곳에 안내판이 있다.

권도(1557~1644년)는 조선 중기의 학자로서 호는 동계(東溪)이며 시호는 충강(忠康)이다. 아버지는 사포서별좌(司圃署別坐) 권세춘(權世春)이며, 어머니는 상산김씨(商山金氏)로 김담(金湛)의 딸로서 장현광(張顯光)의 문인이었다. 1601년(선조 34) 진사시에 합격했고, 1610년(광해군 2) 정원주서에 제수되었다. 1624년(인조 2)에는 이괄(李适)의 난 때 왕을 공주까지 호종(扈從)한 공으로 원종훈(原從勳)이 되어 성균관전적에 제수되었다.

1640년에는 사간원대사간에 제수되었고, 1628년 유효립(柳孝立)의 옥사를 다스린 공으로 영사원종공신(寧社原從功臣) 1등에 책록되었다. 1631년 원종의 추숭(追崇)을 극력 반대한 일로 남해로 유배되었다. 죽은 뒤에 이조판서에 추증되었고, 도천서원(道川書院)에 제향되었다.

종부에게 완계서원을 물으니 딸기 작목반 건물이 나오는 곳에서 두곡마을 쪽으로 우회전하여 두곡교를 지나면 바로 나온다고

쉽게 설명해준다.

충강공종택에서 나와 단계천을 지나서 완계서원(浣溪書院)으로 갔다. 완계서원은 옛날 권도가 살았던 동계정사(東溪精舍)가 있었던 곳에 그의 학덕을 기리기 위해 유림들이 1788년에 건립하여 그를 배향한 곳이다. 서원 정문은 솟을대문으로 되어 있으며 문 위에는 '直方門(직방문)'이라는 편액이 걸려 있다.

△ 완계서원의 정문인 직방문

서원 문은 굳게 닫혀 있어서 들어가 볼 수가 없다. 밖에서 바라본 서원 본체 건물에는 중앙에 '浣溪書院(완계서원)'이라는 현판이 있고, 동쪽에는 동재 건물이 있는데 서쪽에는 서재 건물이 없고 그 흔적만이 보인다.

서원 뒤에는 권도의 위패를 봉안한 경덕사(景德祠)가 자리하고 있다.

완계서원은 경남 산청군 신등면 단계리에 있는 서원으로서 1614년(광해군 6)에 지방유림의 공의로 권도(權濤)의 학문과 덕

△ 완계서원

△ 권도의 위패를 봉안한 경덕사

행을 추모하기 위해 창건하여 위패를 모셨다. 1788년(정조 12)에 '완계(浣溪)'라고 사액되었으며, 그 뒤 권극량(權克亮)을 추가 배향하였다.

당시의 경내 건물로는 묘우(廟宇)·신문(神門)·정당(正堂)·문루(門樓)·고사(庫舍) 등이 있었다. 선현배향과 지방교육의 일익을 담당하여 오던 중 1868년(고종 5)에 대원군의 서원철폐령으로 훼철되었다. 1993년에 옛 터전에 5間의 講堂(강당)을 건립하여 완계서원으로 현액하였다

▽ 권도의 신도비각

완계서원을 나와 단계천 건너편에 있는 양전 마을로 갔다. 이곳에는 권도의 신도비(神道碑)가 있다고 하는데 길을 잘못 들어 마을을 헤매었다. 다행히 마을 주민을 만나 바로 찾을 수 있었다. 길을 물으면서 주민에게 싱싱한 단계 딸기를 두 바구니나 샀다. 덤으로 넣어주는 딸기가 더 맛있는 것은 푸짐한 인심 때문이리라.

권도의 신도비각은 작은 솟을대문 안에 있는데 그 비석의 크기가 보통이 아니어서인지 예사롭지 않게 보인다. 신도비문은 조선 정조 때 명재상 채제공이 지은 것이라고 하는데 권도가 집안에서는 부모에게 효도하고 벼슬에 나가서는 임금에게 충성한 전형적인 선비라는 글이라고 한다.

"공의 사람됨은 나라에 충성하고 부모에 효도하고 성실하고 청렴하고 강직했다. 집에 있을 때 부모를 봉양하고, 장사 지내는 것이 다른 사람들보다 뛰어났으며, 조정에 있을 때는 얼굴색을 바르게 하고 임금에게 바른 말을 잘 하였다."

권도의 신도비 뒤로 넘어가니 한참 조성중

▽ 권운, 권세춘, 권도의 재사인 수청재

인 산청생태공원이 있다. 공원 너머에 건물이 한 채 있는데 그 건물이 수청재(水淸齋)다. 수청재는 권도의 할아버지인 권운(權運)과 아버지 권세춘(權世春), 그리고 권도(權濤)를 위한 재사 건물이다.

  수청재에도 문이 잠겨 있어 들어가 볼 수는 없다. 돌담도 허물어지고 지붕의 기와도 떨어져 나가고 있어 안타까움을 더한다.

  수청재를 보고 돌아오는 길에 신등면사무소에 있는 단계초등학교를 들렀다. 이곳에는 '삭비문(數飛門)'이란 간판을 달고 있는 솟을대문 모양의 정문이 있는데, 예스러움이 그럴듯했다. 일찍이 공자가 배우고 익히는 것을 새가 자주 날갯짓 하듯이 해야 한다고 했는데, 새가 자주 날갯짓 하는 것이 '삭비'이다. 배움은 끊임없이 이루어져야 한다는 뜻일 것이다. 조상을 숭배하고 배움을 중히 여기는 안동 권씨의 본 모습을 보는 듯하다.

대제학에 오른 분

번호	왕 조	성 명	관 직	세	파
1	태종조	권 근(權 近)	대제학	16	추밀공파
2	세종조	권 제(權 踶)	대제학	17	추밀공파
3	세조조	권 람(權 擥)	좌의정	18	추밀공파
4	숙종조	권 유(權 愈)	대사간	21	추밀공파

독서당에 들어가신 분

번호	왕 조	성 명	추 천	세	파
1	세종 10년(1426년)	권 채(權 採)	변계량	17	추밀공파
2	성종 1년(1470년)	권 건(權 健)	서거정	19	추밀공파
3	성종 1년(1470년)	권경유(權景裕)	서거정	19	추밀공파
4	연산 1년(1495년)	권달수(權達手)	홍귀달	19	추밀공파
5	중종 11년(1516년)	권 운(權 雲)	남 곤	23	중윤공파
6	숙종 15년(1689년)	권중경(權重經)	민 암	25	추밀공파

기로소에 들어가신 분

번호	왕 조	성 명	관 직	세	파
1	태종(88세)	권중화(權仲和)	영의정	14	복야공파
2	태조(87세)	권 희(權 僖)	정승	15	추밀공파
3	세종(79세)	권 진(權 軫)	좌의정	17	좌윤공파
4	중종(87세)	권 홍(權 弘)	대사헌	20	추밀공파
5	선조(76세)	권 철(權 轍)	영의정	21	추밀공파
6	숙종(88세)	권대운(權大運)	영의정	24	추밀공파
7	숙종(70세)	권대재(權大載)	호조판서	24	추밀공파
8	숙종(80세)	권 열(權 說)	지중추	24	수중공파
9	인조(-)	권 희(權 僖)	형조참판	24	추밀공파
10	영조(70세)	권 업(權 業)	호조판서	22	추밀공파
11	숙종(78세)	권 성(權 省)	우참찬	25	추밀공파
12	숙종(78세)	권시경(權是經)	이조판서	25	추밀공파
13	영조(84세)	권 적(權 摘)	이조판서	26	추밀공파
14	정조(75세)	권 도(權 導)	병조판서	26	추밀공파
15	숙종(72세)	권 유(權 愈)	이조판서	27	추밀공파
16	영조(81세)	권상일(權相一)	대사헌	28	부정공파
17	정조(83세)	권 유(權 裕)	형조판서	28	추밀공파
18	영조(76세)	권상신(權常愼)	병조판서	28	추밀공파
19	정조(73세)	권 엄(權 襹)	병조판서	29	추밀공파
20	헌종(77세)	권돈인(權敦仁)	영의정	32	시중공파
21	고종(84세)	권응선(權膺善)	이조판서	34	시중공파

부마도위가 되신 분

번호	성 명	명 칭	부 인	세	파
1	권상검(權尙儉)	화성위	태조(신숙옹주)	17	복야공파
2	권 규(權 跬)	길천군	태조(경안공주)	17	추밀공파
3	권 공(權 恭)	화천군	태종(숙근옹주)	18	추밀공파
4	권대임(權大任)	길성군	선조(정선옹주)	24	추밀공파
5	권대항(權大恒)	동창위	선조(정화옹주)	24	추밀공파

행직정승에 오른 분

번호	성 명	관 직	세	파
1	권중화(權仲和)	영의정	14	복야공파
2	권 진(權 軫)	좌의정	17	복야공파
3	권 람(權 擥)	좌의정	18	추밀공파
4	권 균(權 鈞)	우의정	20	추밀공파
5	권 철(權 轍)	영의정	21	추밀공파
6	권대운(權大運)	영의정	24	추밀공파
7	권상하(權尙夏)	좌의정	27	시중공파
8	권돈인(權敦仁)	영의정	31	시중공파

증직정승에 오른 분

번호	성 명	증직 관직	행직 관직	세	파
1	권조여	삼중대광	-	12	복야공파
2	권경보	판이부사	-	12	부정공파
3	권직성	대상	-	12	별장공파
4	권 부	영도첨의사사사	-	13	추밀공파
5	권한공	도첨의우정승	-	13	복야공파
6	권 고	교문하시중	-	14	추밀공파
7	권 재	계림부원군	-	14	추밀공파
8	권 숙	판정의사사	-	14	복야공파
9	권 겸	판삼사	-	14	추밀공파
10	권 희	수문전태학사	-	15	추밀공파
11	권 호	판후덕부사	-	16	추밀공파
12	권중현	대신	-	31	추밀공파
13	권 단	증 첨의정승	찬성사	12	추밀공파
14	권 근	증 좌의정	대제학, 찬성사	16	추밀공파
15	권희정	증 좌의정	감찰규정	16	좌윤공파
16	권 전	증 영의정	공조판서, 판한성부사	16	부정공파
17	권 제	증 영의정	이조판서, 우찬성	17	추밀공파
18	권 복	증 우의정	이조참의	15	추밀공파
19	권극화	증 영의정	이조참판	19	시중공파
20	권 형	증 영의정	해남현감	19	추밀공파
21	권사빈	증 영의정	생원	19	복야공파
22	권 적	증 영의정	형조좌랑, 강화부사	20	추밀공파
23	권 벌	증 영의정	한성부판윤, 예조판서	20	복야공파
24	권 함	증 영의정	도승지, 이조판서	20	복야공파
25	권 굉	증 영의정	-	21	추밀공파
26	권 상	증 영의정	지중추부사	21	추밀공파
27	권 징	증 영의정	병조판서	22	추밀공파
28	권 승	증 영의정	종지중추부사	22	추밀공파
29	권 율	증 영의정	호조정랑, 도원수	22	추밀공파
30	권 순	증 영의정	부사	22	추밀공파
31	권 희	증 영의정	강화유수, 의주목사	22	추밀공파
32	권 협	증 영의정	예조판서	22	추밀공파
33	권 현	증 영의정	여주목사	23	추밀공파
34	권신중	증 우의정	한성판관, 통정대부	23	추밀공파
35	권근중	증 영의정	세자익위사사어	23	추밀공파
36	권 진	증 영의정	병조판서	24	추밀공파
37	권 격	증 좌의정	병조정랑, 강릉부사	26	추밀공파
38	권상신	증 우의정	병조판서, 우참찬	28	추밀공파
39	권중집	증 영의정	진산군수	31	시중공파

안동 권씨 255

봉군을 받은 분

번호	성 명	봉군명	세	파
1	권 척	복계군	12	복야공파
2	권 정	복계군	12	수중공파
3	권 부	영가부원군	14	추밀공파
4	권 고	영가부원군	14	추밀공파
5	권 희	영가부원군	15	추밀공파
6	권 율	영가부원군	22	추밀공파
7	권한공	여천부원군	13	복야공파
8	권한유	화산부원군	13	복야공파
9	권 전	화산부원군	16	부정공파
10	권 복	화산부원군	17	추밀공파
11	권극화	화산부원군	19	시중공파
12	권 준	길창부원군	14	추밀공파
13	권 적	길창부원군	15	추밀공파
14	권 근	길창부원군	16	추밀공파
15	권 제	길창부원군	17	추밀공파
16	권 람	길창부원군	18	추밀공파
17	권 협	길창부원군	22	추밀공파
18	권종정	광복군	14	추밀공파
19	권 후	계림부원군	14	추밀공파
20	권중달	화원군	14	복야공파
21	권희학	화원군	25	동정공파
22	권중화	예천백	14	복야공파
23	권 형	현안군	15	추밀공파
24	권계용	여천군	15	복야공파
25	권득후	복천군	15	복야공파
26	권 개	복천군	18	추밀공파
27	권 용	현복군	16	추밀공파
28	권 훤	현복군	18	추밀공파
29	권 찬	현복군	19	추밀공파
30	권 균	화산군	16	추밀공파
31	권 반	화산군	18	추밀공파
32	권 함	화산군	20	시중공파
33	권응수	화산군	23	복야공파
34	권 호	후덕부원군	16	추밀공파
35	권 규	길천군	17	추밀공파
36	권 결	길천군	19	추밀공파
37	권 환	길천군	19	추밀공파
38	권 반	길천군	24	추밀공파
39	권 준	안천군	17	추밀공파
40	권 팽	안천군	19	추밀공파

번호	성 명	봉군명	세	파
41	권 눌	안천군	22	추밀공파
42	권상검	화성위	17	복야공파
43	권 홍	영가군	17	복야공파
44	권 경	영가군	18	추밀공파
45	권 우	영가군	20	추밀공파
46	권 첨	길창군	18	추밀공파
47	권 형	길창군	19	추밀공파
48	권 공	화천군	19	시중공파
49	권 언	복성군	19	추밀공파
50	권 균	영창부원군	20	추밀공파
51	권 철	안동부원군	21	추밀공파
52	권 산	동흥부원군	21	추밀공파
53	권 굉	화성군	21	추밀공파
54	권 훈	화성군	24	추밀공파
55	권명형	화성군	24	추밀공파
56	권 길	영풍군	22	추밀공파
57	권덕신	능라군	22	복야공파
58	권 준	안창군	23	추밀공파
59	권용섭	안창군	31	추밀공파
60	권신중	길흥군	23	추밀공파
61	권익경	영순군	23	추밀공파
62	권 완	안원군	24	추밀공파
63	권대임	길성군	24	추밀공파
64	권 취	길성군	26	추밀공파
65	권대항	동창군	24	추밀공파
66	권이경	길평군	26	추밀공파
67	권 석	안선군	26	추밀공파
68	권 우	안은군	27	추밀공파
69	권상우	화능군	27	시중공파

시호를 받은 분

번호	성 명	시호명	관직	세	파
1	권 철	강정(康定)	영의정	21	추밀공파
2	권 전	경혜(景惠)	증 영의정	16	부정공파
3	권 화	공경(恭景)	삼사좌윤	16	추밀공파
4	권이진	공민(恭敏)	호조판서	26	추밀공파
5	권 진	문경(文景)	좌의정	17	좌윤공파
6	권 제	문경(文景)	찬성	17	추밀공파
7	권상하	문순(文純)	좌의정	27	시중공파
8	권 홍	문순(文順)	영돈령	17	추밀공파
9	권중화	문절(文節)	영의정	14	복야공파
10	권 부	문정(文正)	부원군	13	추밀공파
11	권희정	문정(文靖)	증 영의정	13	좌윤공파
12	권 수	문정(文靖)	감사	25	추밀공파
13	권 변	문정(文貞)	증 이조판서	25	추밀공파
14	권 단	문청(文淸)	찬성	12	추밀공파
15	권 근	문충(文忠)	찬성	16	추밀공파
16	권한공	문탄(文坦)	정승	13	복야공파
17	권돈인	문헌(文獻)	영의정	31	추밀공파
18	권 준	안숙(安肅)	호조판서	17	추밀공파
19	권 반	안양(安襄)	화성군	18	추밀공파
20	권 언	양정(襄靖)	복성군	19	추밀공파
21	권 지	양평(諒平)	유수	18	추밀공파
22	권 함	양평(襄平)	화성군	20	시중공파
23	권 호	양효(良孝)	판부사	16	추밀공파
24	권 공	양효(襄孝)	화천군	18	추밀공파
25	권 총	영정(靈靖)	지중추	18	추밀공파
26	권 적	원정(原靖)	익대공신	15	추밀공파
27	권 람	익평(翼平)	좌의정	18	추밀공파
28	권종손	익헌(翼憲)	대사헌	26	추밀공파
29	권 개	장간(莊簡)	중추원부사	18	추밀공파
30	권 후	정헌(正獻)	계림부원군	14	추밀공파
31	권상유	정헌(正獻)	이조판서	27	시중공파
32	권 성	정간(貞簡)	우참찬	25	추밀공파
33	권 희	정간(靖簡)	검교좌상	15	추밀공파
34	권시경	정간(靖簡)	판돈령	25	추밀공파
35	권 혁	정간(靖簡)	이조판서	28	시중공파
36	권세인	정식(正寔)	증 판서	23	좌윤공파
37	권 찬	정순(靖順)	공조판서	19	추밀공파
38	권 규	재간(齋簡)	길창군	17	추밀공파
39	권 준	창화(昌和)	찬성	14	추밀공파
40	권 도	충강(忠康)	증 이조판서	23	복야공파

번호	성 명	시호명	관직	세	파
41	권순장	충열(忠烈)	증 좌찬성	24	추밀공파
42	권 건	충민(忠敏)	지중추	19	추밀공파
43	권 종	충민(忠愍)	이조판서	22	추밀공파
44	권 균	충성(忠誠)	참찬	16	추밀공파
45	권 균	충성(忠誠)	우의정	20	추밀공파
46	권 염	충숙(忠肅)	현복군	14	추밀공파
47	권 절	충숙(忠肅)	증 이조판서	18	추밀공파
48	권극지	충숙(忠肅)	예조판서	22	추밀공파
49	권응수	충의(忠毅)	공조판서	23	복야공파
50	권익경	충의(忠毅)	증 내부대신	23	추밀공파
51	권 율	충장(忠莊)	증 영의정	22	추밀공파
52	권자신	충장(忠莊)	예조판서	22	부정공파
53	권 협	충정(忠貞)	예조판서	22	추밀공파
54	권 벌	충정(忠定)	증 영의정	20	복야공파
55	권 굉	충정(忠定)	화성군	21	추밀공파
56	권 징	충정(忠定)	병조판서	22	추밀공파
57	권 고	충정(忠靖)	검교시중	14	추밀공파
58	권 위	충헌(忠憲)	한림학사	11	추밀공파
59	권중달	충헌(忠憲)	밀직사사	14	복야공파
60	권정침	충헌(忠憲)	증 내부대신	27	복야공파
61	권 충	평후(平厚)	찬성	16	추밀공파
62	권 적	효정(孝靖)	판돈령	26	추밀공파
63	권상신	효헌(孝獻)	증 우의정	28	추밀공파
64	권상일	희정(僖靖)	대사헌	28	추밀공파

벼슬이 아주 높았던 분

번호	성 명	봉군명	세	파
1	권 위	증 문하평정사	11	추밀공파
2	권자여	금자광록대부	11	복야공파
3	권 적	첨의편리	12	복야공파
4	권 공	증 판도판서	12	부정공파
5	권 육	판도판서	13	검교공파
6	권한유	문화평장사	13	복야공파
7	권 준	찬성사	14	추밀공파
8	권 염	찬성사	15	추밀공파
9	권 적	시중	15	추밀공파
10	권 엄	판서	15	추밀공파
11	권 인	판서	15	복야공파
12	권계용	판서	15	복야공파
13	권사종	판종정시사	15	복야공파
14	권용일	낭장, 증 좌참찬	15	좌윤공파
15	권집중	판서	15	복야공파
16	권공신	판도판서	15	좌윤공파
17	권백종	검교, 증 좌찬성	16	부정공파
18	권인재	찬성	16	수중공파
19	권 경	판서	16	추밀공파
20	권 숙	부윤, 증 호조판서	16	추밀공파
21	권 완	경기도관찰사, 증 호조판서	16	복야공파
22	권 충	공조판서, 의정부찬성사	16	추밀공파
23	권집지	판례빈시사	16	복야공파
24	권 담	황해도관찰사, 자현부윤	16	추밀공파
25	권산검	화성위	17	복야공파
26	권 규	길창위	17	추밀공파
27	권 섬	호군, 증판서	17	추밀공파
28	권 계	현령, 증 이조판서	17	추밀공파
29	권 준	호조판서, 형조판서	17	추밀공파
30	권자신	동부승지, 예조판서	17	부정공파
31	권 흥	판종부시사	17	시중공파
32	권 마	연천현감, 증 이조판서	18	추밀공파
33	권 총	지중추부사	18	추밀공파
34	권 공	화천위	18	추밀공파
35	권 첨	영춘현감, 증 의정부찬성사	18	추밀공파
36	권 절	집현전 교리	18	추밀공파
37	권부생	형조판서	18	복야공파
38	권뱅정	소윤, 증 호조판서	18	좌윤공파
39	권 곤	호군, 증 이조판서	18	복야공파
40	권 삼	사간원 우사간, 증 좌참찬	18	시중공파

번호	성 명	봉군명	세	파
41	권 미	녹사, 증 좌찬성	18	추밀공파
42	권 훤	직장, 증 좌찬성	18	추밀공파
43	권수중	군수, 증 찬성	18	검교공파
44	권산해	종부시천정, 증 이조참판	19	좌윤공파
45	권민수	충청도관찰사, 대사헌	19	검교공파
46	권 찬	공조판서	20	추밀공파
47	권 건	한성부판윤, 지중추부사	20	추밀공파
48	권 교	양근군수, 증 의정부좌찬성	20	추밀공파
49	권 찬	호조판서, 증 좌찬성	20	검교공파
50	권 주	도승지, 증 우참찬	20	복야공파
51	권 조	증 판서	20	추밀공파
52	권철경	생원, 증 병조판서	20	부정공파
53	권 원	판서	21	추밀공파
54	권 예	대사헌, 호조판서, 우참찬	21	부정공파
55	권 지	찰방, 증 좌찬성	21	추밀공파
56	권 확	어모장군, 증 호조판서	21	추밀공파
57	권덕유	종묘서령, 증 좌참찬	21	추밀공파
58	권경우	가선대부, 증 좌찬성	21	추밀공파
59	권 길	상주판관, 증 이조판서	22	추밀공파
60	권 빙	증 이조판서	22	추밀공파
61	권 순	동지중추부사, 증 우참찬	22	추밀공파
62	권 종	광주목사, 증 이조판서	22	추밀공파
63	권 눌	병조참판, 증 병조판서	22	추밀공파
64	권 서	주부, 증 호조판서	22	추밀공파
65	권극례	예조판서, 이조판서	22	추밀공파
66	권경우	증 찬성	22	추밀공파
67	권극지	대사헌, 예조판서	22	추밀공파
68	권극중	세자익위사세마, 증 참찬	22	추밀공파
69	권 황	호조좌랑, 지중추부사	22	추밀공파
70	권덕신	증 우찬성	22	복야공파
71	권 순	우봉현령, 증 이조판서	22	검교공파
72	권 준	충청도병사, 증 병조판서	23	추밀공파
73	권 탁	훈련도정, 증 병조판서	23	추밀공파
74	권 전	증 병조판서	23	추밀공파
75	권극정	동지중추부사, 증 공조판서	23	추밀공파
76	권 식	통정대부, 증 판서	23	추밀공파
77	권진기	도승지, 형조참판	23	추밀공파
78	권응수	경상도 병마절도사, 도총관	23	복야공파
79	권응평	증 병조참판	23	복야공파
80	권대훈	진위현령, 증 이조판서	23	추밀공파

번호	성 명	봉군명	세	파
81	권위중	진사, 증 이조판서	23	추밀공파
82	권 도	증 이조판서	23	복야공파
83	권득기	예조좌랑, 증 이조참판	23	추밀공파
84	권 현	증 찬성	23	추밀공파
85	권 화	판관, 증 좌참찬	23	추밀공파
86	권 반	한성부판윤, 형조판서	24	추밀공파
87	권 현	증 판서	24	추밀공파
88	권 완	정원대부	24	추밀공파
89	권 양	사간, 증 이조판서	24	추밀공파
90	권 속	증 이조판서	24	추밀공파
91	권대임	길성위	24	추밀공파
92	권 시	승지, 한성부판윤	24	추밀공파
93	권대항	동창위	24	추밀공파
94	권순장	진사, 증 좌참찬	24	추밀공파
95	권대제	형조참의, 대사헌, 호조판서	24	추밀공파
96	권춘제	증 이조판서	24	별장공파
97	권극정	증 판서	24	복야공파
98	권 주	증 이조판서	24	시중공파
99	권수경	증 이조판서	24	부정공파
100	권 홍	증 판서	24	시중공파
101	권명형	증 공조판서	24	동정공파
102	권 성	한성부판윤, 공조판서	25	추밀공파
103	권 변	병조참판, 대사헌	25	추밀공파
104	권 업	한성부판윤, 우참찬	25	추밀공파
105	권시경	형조판서, 예조판서	25	추밀공파
106	권두선	판서	25	추밀공파
107	권희학	가선대부, 장연부사	25	동정공파
108	권중립	증 병조판서	25	부정공파
109	권정길	병마절도사, 증 공조판서	25	시중공파
110	권 유	전의현감, 증 좌찬성	25	추밀공파
111	권 수	예조참판, 증 좌찬성	25	추밀공파
112	권 규	대사헌, 증 이조판서	25	추밀공파
113	권성원	선산부사, 증 좌찬성	25	시중공파
114	권 적	형조판서, 좌참찬, 우빈객	26	추밀공파
115	권 단	증 판서	26	추밀공파
116	권 식	증 판서	26	시중공파
117	권 도	이조참판, 가선대부	26	추밀공파
118	권이진	호조판서, 평안도관찰사	26	추밀공파
119	권덕수	증 이조판서	26	복야공파
120	권 유	대제학, 대사관	26	추밀공파

번호	성 명	봉군명	세	파
121	권 건	동지중추부사, 증 이조판서	27	추밀공파
122	권 첩	증 판서	27	추밀공파
123	권 우	동지중추부사, 증 이조판서	27	추밀공파
124	권 담	증 판서	27	추밀공파
125	권 식	증 이조판서	27	추밀공파
126	권 구	증 이조판서	27	복야공파
127	권 발	증 판서	27	복야공파
128	권문두	숭정대부	27	부정공파
129	권 심	증 이조판서	27	부정공파
130	권상유	우참찬, 호조판서, 예조판서	27	시중공파
131	권상명	증 이조참판	27	시중공파
132	권목형	사간원 정언, 증 판서	27	추밀공파
133	권 규	이조참판, 공조판서, 좌참찬	28	추밀공파
134	권 혁	대사헌, 이조판서	28	시중공파
135	권 국	단양군수, 증 참판	28	시중공파
136	권 추	동지중추부사, 증 이조판서	28	추밀공파
137	권 밀	증 좌참찬	28	추밀공파
138	권 엄	공조판서, 형조판서	29	추밀공파
139	권양성	백천군수, 증 참지중추부사	29	시중공파
140	권제응	진주목사, 증 이조참의	30	시중공파
141	권철신	증 판서	30	추밀공파
142	권대긍	예조판서	31	추밀공파
143	권 영	증 이조판서	31	추밀공파
144	권 숙	증 판서	31	추밀공파
145	권중석	판윤	31	추밀공파

장원급제자 명단

번호	성 명	관 직
권극중(權克中)	문과(文科) 태종11년(1411)	식년시 을과(乙科) 장원급제
권 제(權 踶)	문과(文科) 태종14년(1414)	친 시 을과(乙科) 장원급제
권 람(權 擥)	문과(文科) 문종 1년(1450)	식년시 을과(乙科) 장원급제
권 건(權 建)	문과(文科) 성종 8년(1477)	친 시 갑과(甲科) 장원급제
권경희(權景禧)	문과(文科) 성종 9년(1478)	친 시 갑과(甲科) 장원급제
권세형(權世衡)	문과(文科) 성종22년(1491)	별 시 갑과(甲科) 장원급제
권 홍(權 弘)	문과(文科) 연산 3년(1497)	별 시 갑과(甲科) 장원급제
권 복(權 福)	문과(文科) 연산 9년(1503)	별 시 일등(一等) 장원급제
권 홍(權 弘)	문과(文科) 중종 2년(1507)	중 시 일등(一等) 장원급제
권 성(權 晟)	문과(文科) 중종 3년(1508)	알성시 갑과(甲科) 장원급제

名家 안동 권씨

ⓒ권현구, 2011

| 초판 1쇄 | 2011년 6월 23일
| 2쇄 | 2011년 10월 30일
| 지은이 | 권현구
| 발행인 | 李憲錫
| 발행처 | 오늘의문학사
　　　　　대전광역시 동구 삼성1동 125-6 한밭오피스텔 401호
　　　　　Tel(042)624-2980 Fax(042)628-2983
　　　　　e-mail | hs2980@hanmail.net
　　　　　등록・제55호(1993년 6월 23일)
　　　　　ISBN 978-89-5669-439-9(03380)

값 10,000원

*잘못된 책은 바꾸어 드립니다.
*본 서 내용의 무단인용 및 전재는 저작권법에 저촉됩니다.